**Ediciones IESA**

# INTERNET Y LOS NEGOCIOS

*Manual para aprovechar las ventajas de internet en su empresa*

Carlos Jiménez

Derechos exclusivos
Segunda edición, 2012
© IESA
Hecho el depósito de ley
Depósito legal: lf2392012658362
ISBN: 978-980-217-369-3

Ediciones IESA
Av. IESA, Edif. IESA, San Bernardino.
Apartado postal 1640, Caracas, Venezuela.
Teléfonos: 58-212-555.4263 / 555.4298 / Fax: 555.4445
ediesa@iesa.edu.ve | www.iesa.edu.ve

Producción editorial: Ediciones IESA
    Director editorial: José Malavé
    Coordinación administrativa: Yudyt Medina
Diseño de la colección: Eduardo Chumaceiro de'E.
Diagramación y montaje: Aitor Muñoz Espinoza
Corrección de textos: Virgilio Armas Acosta
Impresión: CreateSpace

---

Jiménez, Carlos.
*Internet y los negocios. Manual para aprovechar las ventajas de internet en su empresa* / Carlos Jiménez. – Caracas: Ediciones IESA, 2012.

150 p.

ISBN: 978-980-217-369-3

1. Negocios en redes. 2. Internet. 3. Redes sociales. 4. Brecha digital. 5. Comercio electrónico. 6. Tecnología de la información. I. Título.

HD 69.S8
384.33

---

# CONTENIDO

7

*A mi familia,*
*por prestarme parte de su tiempo para escribir este libro*

# Agradecimientos

Este libro es el producto de varios años de trabajo como articulista de la columna «Tendencias Digitales» en la revista *Business Venezuela*, de Venamcham, y en el boletín electrónico *Hormiga Analítica*. El trabajo constante de analizar y resumir para estos medios mis opiniones y estudios relacionados con internet me dieron el material suficiente para pretender compilarlo y editarlo en este libro. A ambos medios y sus editores, Marianela Balbi y Heberto Alvarado, les hago llegar mis palabras de agradecimiento por la oportunidad de participar y exponer mis artículos ante una audiencia tan calificada y exigente. Agradezco muy especialmente a Adriana Machuca y a Heberto Alvarado por recordarme el gran compromiso de entregar los trabajos en las fechas de cierre de sus ediciones.

También debo agradecer a Tendencias Digitales y su equipo, en especial a Ana Goite, por permitirme acceder a una fuente inigualable de información de los mercados digitales en América Latina, lo que me ha dado la oportunidad de validar muchas de las preguntas e hipótesis que me he formulado a lo largo de los años en relación con internet en la región. Igualmente, a los clientes y aliados de Tendencias Digitales que han apoyado los estudios regionales en diferentes años, desde que comenzamos en 2005: Mercantil, Cantv, Movistar, Grupo Diarios de América, Google, Empléate.com, Bumeran.com, I-Network, Microsoft, MercadoLibre.com y Terra Network.

Por último, debo agradecer especialmente a los colaboradores de esta edición:

- Nunzia Auletta, profesora y directora asociada del Centro de Emprendedores del IESA, que amablemente escribió el capítulo seis referido a los planes de negocio y me apoyó en la revisión del libro.
- César David Chirino, concejal del Municipio Chacao (Caracas), presidente de la Comisión de Ciencia, Tecnología e Innovación y Coordinador de Chacao Digital, que escribió el prologo del libro y me motivó y apoyó en su publicación.
- Marizabel Fernández Suzzarini y Leonardo J. Rodríguez M., de MicroJuris, que aportaron el apéndice referido al marco legal de los negocios electrónicos.
- Michelle Undreiner, de la Comunicación Corporativa de MercadoLibre.com, que me apoyó con la información referida a los eShops.
- Patricia Rodríguez, Daniela Kammoun, Virgilio Armas Acosta y Aitor Muñoz Espinoza, que me ayudaron a revisar mis artículos y a editarlos de tal forma que pudiéramos convertirlos en este libro.

# Prólogo

La importancia del uso adecuado de internet y las nuevas tecnologías en el mundo empresarial es, hoy por hoy, y sobre todo de cara al futuro, vital para el sostenimiento y la supervivencia de cualquier empresa. Todo cuanto permita el crecimiento y el desarrollo de una empresa, todo cuanto contribuya a su productividad estará, sin lugar a dudas, estrechamente relacionado y en proporción directa con la plataforma tecnológica que disponga y, sobre todo, con el adecuado uso que haga de ella. No es suficiente contar con equipos y programas de última generación: se debe manejar el conocimiento oportuno y adecuado sobre su uso para cumplir los objetivos del negocio.

En este sentido, profundizar en el saber de lo creado hasta hoy y estar al día en las tendencias y las innovaciones es un deber insoslayable de quien busque hacer crecer y potenciar a una empresa, y en especial de quienes tienen bajo su responsabilidad su conducción o gerencia, o se disponen a emprenderla.

En esa dirección nos conduce *Internet y los negocios. Manual para aprovechar las ventajas de internet en su empresa*, el libro que Carlos Jiménez ha escrito como una invalorable contribución a la formación y el aprendizaje de empresarios, emprendedores y todo aquel ávido de conocimiento riguroso y sistemático sobre internet y las nuevas tecnologías. En este libro se encontrará una descripción detallada sobre el estado actual de internet, su impacto en el mundo de los negocios y cómo las redes sociales se han convertido en aliadas estratégicas en la promoción y la publicidad de productos y servicios. Mención aparte merece el capítulo seis, acerca de cómo hacer un plan de negocios en internet, que como aporte de Nunzia Auletta, directora del Centro de Emprendedores del IESA, corona el éxito que, seguro estoy, tendrá este libro de Carlos Jiménez.

El honor que Carlos me ha otorgado de escribir estas palabras que fungen de prólogo lo quiero compartir con todos ustedes, invitándolos a leer y disfrutar esta su obra excepcional.

CÉSAR DAVID CHIRINO
*Presidente de la Comisión de Ciencia,*
*Tecnología e Innovación del*
*Concejo Municipal de Chacao*

# Introducción

En 1998, cuando comenzamos a medir el uso de internet en Latinoamérica, nuestro énfasis estaba en la adopción de ese medio. Por aquellos días, menos del tres por ciento de la población estaba conectada. Desde ese año, el crecimiento ha sido sostenido, hasta superar los doscientos millones de personas conectadas. Pero no sólo eso, sino que la tasa de crecimiento sigue mostrando dinamismo y los usuarios latinoamericanos destacan en importantes medios sociales, como Facebook y Twitter, al compararlos con otras regiones del mundo. Lo mejor podría estar por venir con el aumento de las conexiones desde los móviles, donde las oportunidades son grandes.

No obstante, durante varios años hemos destacado el rezago de las empresas en relación con el aprovechamiento de internet en los negocios. Paradójicamente, muchos de los gerentes que se informan de las últimas noticias gracias a internet y comparten sus fotos y amigos en las redes sociales, se han mostrado extremadamente cautelosos a la hora de invertir en los medios digitales. Los estudios de mercado realizados en compañías de diferentes tamaños y sectores de actividad demuestran un mayor interés por estos medios, aunque todavía queda mucho por explicar y demostrar por los actores de la industria. Las oportunidades existen y queda de parte de las empresas saber identificarlas y traducirlas en negocios concretos.

El objetivo de este libro es acercar internet a las empresas. Nos sentiremos retribuidos si logramos que esta obra contribuya a aclarar las características de internet, pero sobre todo a motivar a muchos empresarios y gerentes a dar el paso hacia los negocios en la Web. Comenzamos por mostrar un panorama de internet para romper muchos de los paradigmas que se tejen alrededor de ella, para luego ofrecer una visión de las opciones que las empresas tienen para potenciar sus negocios, ya sea mediante la publicidad y los medios sociales, o el comercio electrónico, por mencionar dos de las aplicaciones más importantes. Finalmente, con la colaboración de la profesora Nunzia Auletta se presentan los elementos más importantes a la hora de elaborar un plan de negocios electrónicos.

Este libro está dirigido a los empresarios y gerentes que desean aproximarse a internet y su papel en los negocios. También pretende apoyar a los profesionales de las áreas de mercadeo y ventas que buscan sacar provecho de los medios electrónicos para sus empresas. Los gerentes de las áreas de tecnología también pueden ser lectores de esta publicación. Queda mucho por profundizar; en un entorno tan cambiante el reto es mantenerse actualizado. Por ello los invito a mantener la conversación por www.carlosjimenez.info.

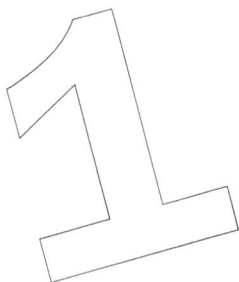

# El estado actual de internet

## INTERNET NO ES EL FUTURO, ES EL PRESENTE

Internet no es el futuro, es el presente de los negocios. Hacemos esta afirmación a riesgo de que muchos de los que nos leen ya lo sepan e incurramos en una verdad de Perogrullo. Sin embargo, la intención en este apartado es dirigirnos a los que todavía no lo ven así, ya sea porque piensan que internet es una herramienta para pocos, o peor aún, porque dudan de su efectividad como medio y mercado para hacer negocios. Escribimos para aquellos que piensan que internet es el futuro y que ya habrá tiempo para prepararse, sin darse cuenta de que otros están aprendiendo a usar las nuevas tecnologías e incluso ya sacan provecho de ellas.

### LA PENETRACIÓN DE INTERNET ESTÁ CRECIENDO

Internet es el presente por varias razones. La primera y más obvia es porque, en 2010, casi un tercio de la población mundial (29 por ciento) estaba conectada. Incluso en América Latina el uso de internet es ligeramente superior al tercio (34 por ciento), mientras que en Venezuela alcanzó el 37,7 por ciento. Si este porcentaje no es suficiente, entonces hablemos de valores absolutos. Son casi 2.000 millones de usuarios en el mundo, 200 millones en América Latina y más de 10 millones en Venezuela.

Cuadro 1.1

Usuarios de internet, 2010

| | POBLACIÓN (millones) | USUARIOS (millones) | PENETRACIÓN (%) |
|---|---|---|---|
| MUNDO | 6.845 | 1.970 | 28,8 |
| AMÉRICA LATINA | 584 | 200 | 34,2 |
| VENEZUELA | 28,7 | 10,8 | 37,7 |

Fuente: Internet World Stats (cifras del mundo); Tendencias Digitales (América Latina y Venezuela).

Aunque esta cifra es suficientemente importante en sí misma, se puede agregar que todavía el crecimiento es acelerado, tanto en América Latina como en Venezuela, lo que hace prever que en un breve lapso más de la mitad de los latinoamericanos estarán conectados. La penetración de internet en niños y adolescentes es la mayor entre los diferentes grupos de edad, por lo que los «nativos digitales» (las personas que nacieron después de 1980) son la mayoría de la población en internet.

En algunas industrias ya desde hace varios años la adopción de internet es mucho mayor que los porcentajes de penetración nacionales o regionales, que son promedios y, por ende, muy inferiores a los resultados en las principales ciudades o en mercados meta como clientes bancarios, candidatos a estudios de postgrados o suscriptores de la televisión paga, por mencionar algunos.

Cuadro 1.2

Penetración de internet en grupos determinados, 2010

*Porcentajes*

| SEGMENTO | PENETRACIÓN |
|---|---|
| TOTAL VENEZUELA | 37,7 |
| SUSCRIPTORES DE TV PAGA | 51,5 |
| NIÑOS DE 7 A 12 AÑOS DE EDAD | 57,0 |
| USUARIOS CON PÓLIZA DE SEGUROS | 64,8 |
| HABITANTES DEL MUNICIPIO CHACAO-CARACAS | 70,0 |
| USUARIOS DE TARJETAS DE CRÉDITO | 75,9 |

Fuente: Alcaldía del Municipio Chacao (cifras de Chacao); Datanálisis (resto de las cifras).

*IMPORTANCIA CRECIENTE*
*EN EL COMPORTAMIENTO DE COMPRA DEL USUARIO*

No sólo una extendida adopción es suficiente para argumentar que internet es una realidad actual que los negocios deben aprovechar. Más aún lo es el hecho de que los medios electrónicos están teniendo un papel preponderante en las decisiones de compra de muchos consumidores.

Es difícil que un cibernauta no recurra a internet cuando planea una compra. De hecho, internet influye en la generación de la misma necesidad de compra, gracias a la publicidad interactiva y las influencias de amigos y relacionados en medios sociales virtuales. Una vez decidido a comprar, el cibernauta emplea internet como herramienta imprescindible para conocer las características de los productos y las marcas, para comparar entre opciones y valorar una opción determinada de acuerdo con la experiencia de otros usuarios. Definitivamente, internet ha reducido las asimetrías de información entre compradores y vendedores, y ha aumentado considerablemente el poder de negociación de los consumidores.

F i g u r a  1 . 1
Internet y el comportamiento de compra del consumidor

| NECESIDAD | BÚSQUEDA DE INFORMACIÓN | VALORACIÓN DE ALTERNATIVAS | COMPRA | EVALUACIÓN |
|---|---|---|---|---|
| • PERFIL DEL USUARIO<br>• EXPERIENCIAS PREVIAS<br>• INFLUENCIAS SOCIALES<br>• PUBLICIDAD | • CARACTERÍSTICAS FUNCIONALES<br>• MARCAS<br>• PRECIOS | • COMPARACIÓN ENTRE OPCIONES<br>• REVISIÓN DE OPINIONES DE OTROS USUARIOS | • COMPRA EN LÍNEA FRENTE A CANALES FÍSICOS<br>• MEDIOS DE PAGO Y SEGURIDAD | • COMPARTIR EXPECIENCIA EN REDES SOCIALES |

Internet es importante en la compra de productos costosos o en los que el costo de equivocarse al decidirse por uno es grande en dinero, tiempo o consecuencias. Es el caso de un automóvil, un estudio universitario o un seguro de vida. En casi todos estos productos internet no permite cerrar la transacción en línea, pero es una fuente de información fundamental para la decisión de comprarlos.

Internet también es relevante en la compra de productos y servicios que requieran poco desembolso, con cuya compra los consumidores perciben menos riesgo de perder su dinero y, por ende, no sienten temor de usar internet como medio transaccional. Ejemplo de estos productos son las entradas de cine, las flores o los libros. En todos estos casos, internet permite cerrar la transacción en línea.

En definitiva, internet puede ser de gran ayuda para diferentes tipos de productos y servicios, sean estos costosos o no. Lo importante es tener claro cuál es el papel de la Web en la decisión de compra, de forma de orientar las iniciativas de la empresa y sacar el máximo provecho.

Diversos estudios de mercado realizados por Tendencias Digitales[1] en América Latina muestran cómo los usuarios de internet buscan información en la red para tomar decisiones de compra: conocer nuevos productos (64 por ciento), comparar productos (79) y buscar ofertas (75), entre otras conductas. Esto significa que si una empresa no está en internet no formará parte de ese conjunto de opciones que el consumidor tomará en consideración.

Figura 1.2

Los medios sociales y las marcas en América Latina, 2010

*Respuestas de usuarios de internet (porcentajes)*

| | |
|---|---|
| HA BUSCADO ALGUNA MARCA EN UN BUSCADOR COMO GOOGLE | 70,6 |
| PERTENECE A UN GRUPO O PÁGINA DE MARCA EN UNA RED SOCIAL | 47,9 |
| HA VISTO UN COMERCIAL DE PRODUCTO O SERVICIO EN YOUTUBE | 47,5 |
| HA BUSCADO ALGUNA MARCA EN FACEBOOK | 37,3 |
| HA LEÍDO UN BLOG DE UNA EMPRESA | 30,3 |
| HA DESCARGADO ALGÚN PROGRAMA DE UNA MARCA | 29,6 |
| HA RECOMENDADO ALGÚN PRODUCTO A TRAVÉS DE INTERNET | 29,4 |
| HA OPINADO SOBRE UNA MARCA EN FACEBOOK O TWITTER | 27,6 |
| SIGUE AL MENOS UNA MARCA EN TWITTER | 14,3 |

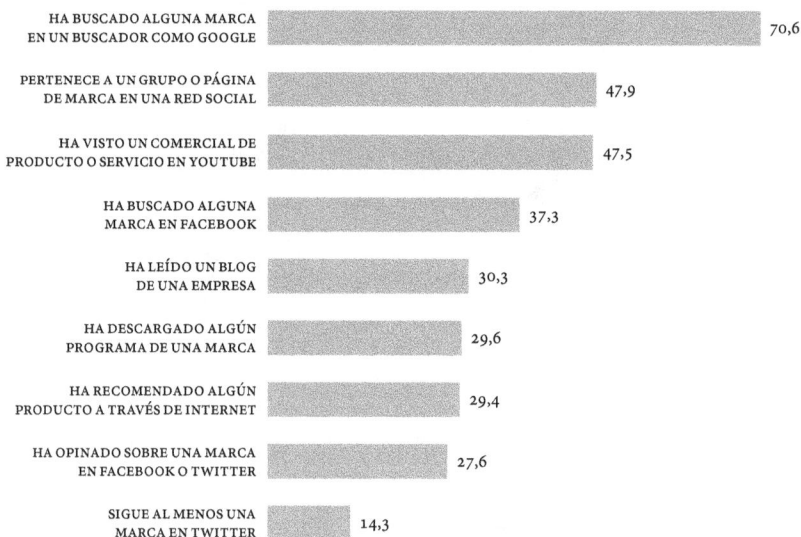

Fuente: Tendencias Digitales (2010a).

[1] Tendencias Digitales (tendenciasdigitales.com) es una empresa de investigación de mercados especializada en los mercados digitales de América Latina.

Incluso un fenómeno como las redes sociales, que inicialmente algunos vieron como algo separado de los negocios y más propio de relaciones entre personas, está demostrando ser una gran oportunidad para que las empresas y las marcas interactúen con los consumidores en las maneras nuevas y, también, tradicionales. Por ejemplo, según Tendencias Digitales, casi la mitad de los usuarios de internet en América Latina siguen a alguna marca o empresa en Facebook, mientras que 27 por ciento han opinado acerca de una empresa en alguna red social.

## LA BRECHA DIGITAL

A pesar de que la penetración de internet en América Latina viene creciendo, una parte de la población de esta región todavía no utiliza la red. La «brecha» entre quienes se conectan y quienes no lo hacen es distinta en cada país y entre países. En la medida en que esa brecha se acorte, los latinoamericanos tendrán mayores oportunidades de acceder a las tecnologías de la información y las comunicaciones (TIC) y, por supuesto, las empresas se verán beneficiadas al poder anunciar y vender sus productos y servicios en estos medios.

### QUÉ ES LA BRECHA DIGITAL Y POR QUÉ MEDIRLA

El término «brecha digital» proviene del inglés *digital divide*. Fue utilizado originalmente en Estados Unidos durante la administración de Bill Clinton para referirse al riesgo de que la población se dividiera en dos grupos: quienes usaban internet y quienes no. Generalmente la brecha se ha referido a la diferencia entre ricos y pobres, aunque actualmente también se emplean otras variables sociodemográficas, tales como sexo, edad, escolaridad, raza y lugar de residencia. Igualmente la noción de brecha digital se ha ampliado desde la adopción de internet hasta el acceso y uso eficiente de las tecnologías de la información y las comunicaciones en general.

La importancia de estudiar la brecha digital radica en la relación entre tecnología y desarrollo. A medida que un país tiene mayor acceso a la tecnología, sus posibilidades de desarrollo lucen más favorables. En los años sesenta y setenta se promovieron en América Latina muchos programas nacionales con apoyo de organismos internacionales orientados a transferir tecnología de los países desarrollados hacia los países pobres. Este discurso se generaliza posteriormente con la expansión de internet.

En América Latina, el acceso de la población a internet y el ingreso por habitante están directamente relacionados. No obstante, países con el mismo ingreso pueden tener diferencias en el uso de internet y de las TIC en general, que pueden explicarse por otras variables extra económicas como las políticas públicas, la educación de la población y la dinámica competitiva de la industria.

Figura 1.3

Penetración de internet e ingreso por habitante en América Latina, 2009
*Porcentaje de la población y dólares*

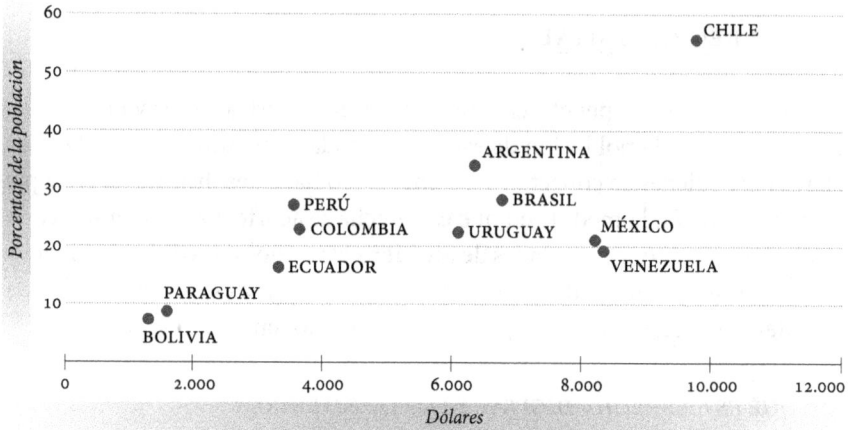

Fuente: Asociación Latinoamericana de Integración y Tendencias Digitales (2009).

También hay brechas digitales al interior de cada país. En Venezuela, por ejemplo, la penetración de internet en la región capital supera el cuarenta por ciento, mientras que en la región sur es superior a veinte.

La brecha digital también es multidimensional, porque no sólo se refiere a tener acceso a internet o no, sino a saber usar esa tecnología e incluso encontrar aplicaciones educativas y productivas. En este sentido, el análisis de la brecha digital debe contemplar tres enfoques y un esfuerzo de medición debe considerarlos:

1 INFRAESTRUCTURA: se refiere a la posibilidad o dificultad de disponer de computadoras conectadas a la red mundial.
2 CAPACITACIÓN: capacidad o dificultad para usar estas tecnologías adecuadamente, y no sólo la posibilidad de disponer de computadoras (generalmente conocida como alfabetización digital).

**3** USO DE LOS RECURSOS: posibilidad de utilizar los recursos disponibles en la red y aprovecharla para desarrollar negocios, realizar consultas médicas en línea, trabajar a distancia, etc.

*CUÁN GRANDE ES LA BRECHA DIGITAL*

A los efectos de medir la brecha digital hemos construido un «índice relativo de adopción» que permite comparar el uso de las TIC en los diferentes grupos. El grupo que presenta la mayor penetración tiene el valor 100, máximo del índice, y en el resto de los grupos se calcula su valor de acuerdo con la posición relativa con respecto al grupo líder. Presentamos el caso de Venezuela a manera de ejemplo. Si la penetración de internet en el estrato AB[2] es de 70 por ciento, este grupo tendrá un valor del índice igual a 100. Si el estrato E tiene una penetración del 34 por ciento, su valor del índice será 48 ($34/70*100$).

Figura 1.4
Venezuela: índice relativo de adopción de internet, 2011

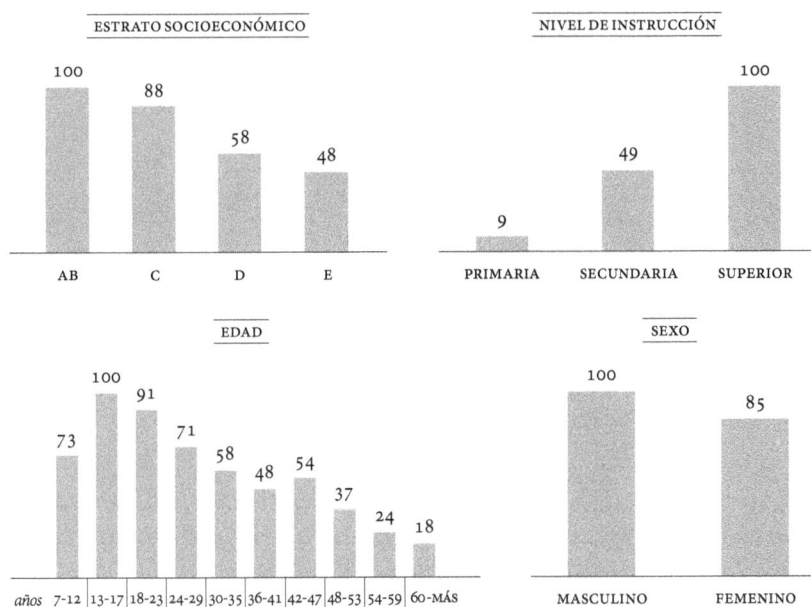

Fuente: Tendencias Digitales (2011a).

[2] En Venezuela, el estrato AB es el que posee mayores ingresos y representa el 3 por ciento de la población. En contraposición, el estrato E es el que posee menos recursos (44 por ciento).

El cálculo de la brecha se realiza restando, del mayor valor (correspondiente al grupo que tiene la mayor adopción), el valor del índice del grupo en cuestión. La brecha medirá siempre la diferencia con el grupo de mayor penetración de la TIC analizada. En el ejemplo, la brecha existente entre el estrato AB y el E es de 52 (100-48).

Al aplicar estos cálculos a los resultados de la Encuesta Ómnibus de Datanálisis [3] (medida en 1.300 hogares en todo el país y en cincuenta localidades) se encontró que la mayor brecha en el uso de internet se encuentra en el nivel de instrucción, seguido de la edad y, en un tercer lugar, del estrato social. Este resultado confirma que la adopción de internet es un fenómeno que depende más de la educación que del ingreso. De hecho, al indagar entre los venezolanos que no usan internet las razones para no hacerlo, el costo apenas figura en quinto lugar con un siete por ciento, mientras que las principales respuestas están relacionadas con el conocimiento.

Figura 1.5

Venezuela: brecha digital en el uso de internet, 2011

*Diferencia entre el grupo de mayor adopción y el de menor adopción*

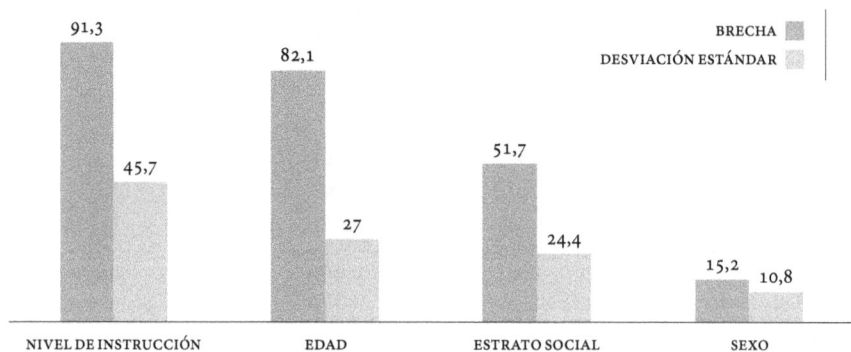

Fuente: Tendencias Digitales (2011a).

Para diferentes TIC, la mayor brecha por nivel socioeconómico se encuentra en la adopción de banda ancha y de internet en el hogar. En el otro extremo, la telefonía móvil es usada por la mayoría de la población, por lo que la brecha es la menor.

---

[3] Datanálisis (datanalisis.com) es una empresa de investigación de mercados con sede en Venezuela y actividades en el área andina, Centroamérica y el Caribe.

Figura 1.6

## Venezuela: brecha digital para diferentes tecnologías, 2011

*Diferencia entre el grupo socioeconómico con mayor adopción y el de menor adopción*

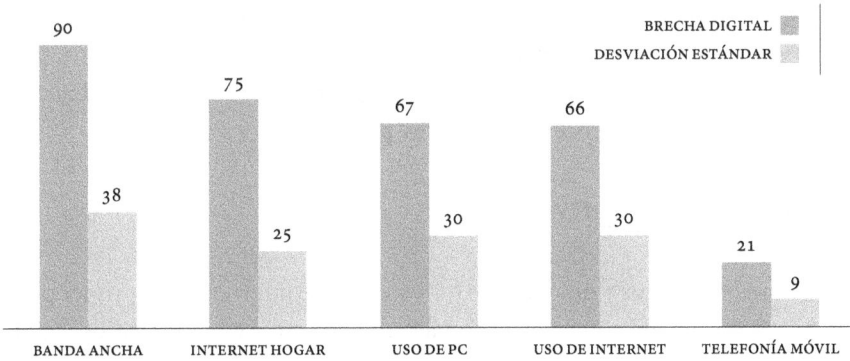

Fuente: Jiménez (2009).

## *BRECHA DIGITAL: MULTITECNOLÓGICA Y MULTIDIMENSIONAL*

Del análisis de la brecha digital de Venezuela se pueden sacar las siguientes conclusiones:

1 La mayor brecha digital se identifica con la educación y no con el nivel socioeconómico. Este resultado se verifica al encontrar que los aspectos económicos son mencionados como razones para no usar internet por sólo 7 por ciento de las personas, mientras que el desconocimiento destaca en primer lugar con 41.

2 La brecha digital es multitecnológica, debido a que no sólo se refiere al acceso a internet. La mayor brecha se presenta en el acceso a la banda ancha, seguida del acceso a internet en los hogares.

3 La brecha digital es multidimensional, porque no se refiere solamente a la adopción de internet, sino a su uso y sus aplicaciones.

### *ALGUNAS IDEAS PARA REDUCIR LA BRECHA DIGITAL*

Es importante definir adecuadamente la brecha digital para evaluar su evolución. Algunas ideas para reducir la brecha digital son las siguientes:

- Promover políticas públicas que incentiven el desarrollo de las redes y estimulen la competencia (ejemplo: telecomunicaciones móviles).
- Garantizar el acceso a las TIC en escuelas y organismos gubernamentales.
- Profundizar los esfuerzos para el desarrollo del gobierno electrónico.
- Desarrollar programas de capacitación en el uso de las TIC empleando los medios de comunicación del Estado.
- Estimular el desarrollo nacional de contenidos y aplicaciones, mediante el establecimiento de incentivos fiscales, por ejemplo.

## AUDIENCIAS DIGITALES

Conocer cuántos y quiénes son los usuarios de internet es un primer paso en la compresión del potencial de un mercado que crece con los medios digitales. Es la manera de saber de qué tamaño es el mercado potencial máximo que se puede alcanzar con internet, pero dice poco acerca de las necesidades y expectativas de los usuarios. Para avanzar un poco más en esta dirección y orientar los negocios en internet se requiere conocer con más detalle las características de las audiencias digitales.

Entender las audiencias digitales comienza por conocer su composición socioeconómica y por describir sus hábitos de uso de los medios electrónicos. No obstante, también precisa conocer su comportamiento en la red, de forma de poder identificar oportunidades concretas de negocio.

En la medida en que la penetración de internet se incremente, el perfil de los usuarios tenderá a asemejarse al de los consumidores en general. Mientras tanto, es necesario dedicar algún esfuerzo para entender este subconjunto de los consumidores que acceden a internet.

### *PERFIL DEMOGRÁFICO DE LOS USUARIOS DE INTERNET*

Los usuarios de internet pueden clasificarse en tres grupos, de acuerdo con su edad: «generación Y», «generación X» y los célebres *baby boomers*. Al primer grupo se le conoce también como los «nativos digitales», debido a que está formado por personas nacidas después de 1980 y por ello, desde su infancia, han estado expuestas a las computadoras. La «generación X» se compone de usuarios que tienen entre 30 y 45 años de edad; a partir de esa edad se encuentran los *baby boomers*, la generación nacida después de la Segunda Guerra Mundial.

Diversos estudios de mercado elaborados por Tendencias Digitales en América Latina muestran que los usuarios de internet son en su mayoría personas jóvenes. De hecho, la mayor penetración de internet se encuentra entre los menores de 24 años, y más de la mitad de los usuarios pertenece a este grupo, que además es el que más propenso está a adoptar las nuevas tecnologías, mientras que a medida que la edad de las personas aumenta, menor es la adopción de la tecnología. El hecho de que la mayoría de los conectados sean jóvenes tiene importantes implicaciones en los hábitos de uso de internet.

Figura 1.7
Venezuela: distribución de los usuarios de internet por edad, 2009 y 2011
*Porcentajes*

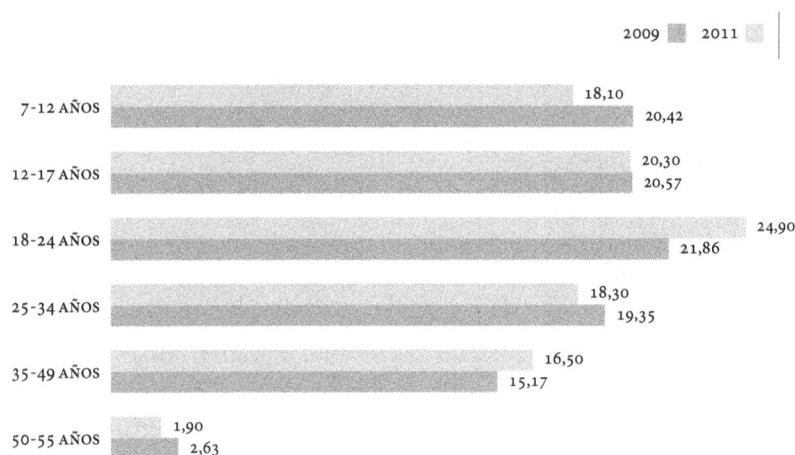

2009 ▉    2011 ▨

| Edad | 2009 | 2011 |
|------|------|------|
| 7-12 AÑOS | 18,10 | 20,42 |
| 12-17 AÑOS | 20,30 | 20,57 |
| 18-24 AÑOS | 24,90 | 21,86 |
| 25-34 AÑOS | 18,30 | 19,35 |
| 35-49 AÑOS | 16,50 | 15,17 |
| 50-55 AÑOS | 1,90 | 2,63 |

Fuente: Tendencias Digitales (2011a).

En Venezuela, por ejemplo, los menores de veinte años de edad (todos nativos digitales) son los más activos en la mayoría de las tecnologías cuyo uso está creciendo más, relacionadas con la Web 2.0. Twitter, por ejemplo, es más usado por los menores de veinte años de edad: su penetración supera en 85 por ciento la de los grupos de mayor edad. En la publicación de videos se encuentra la mayor diferencia entre los menores de veinte años y el resto de la población, pues llega a ser superior a 165 por ciento. Solamente en la lectura de noticias y en la voz sobre IP (Skype, por ejemplo), los más jóvenes se encuentran por debajo del resto, en un promedio que oscila entre veinte y treinta por ciento.

## Cuadro 1.3

### Venezuela: uso de internet de los nativos digitales versus otros grupos etarios, 2010

*Diferencias, medidas en porcentaje, en la extensión del uso de internet entre los menores de 20 años de edad y el resto de los grupos etarios; un número positivo indica que los jóvenes son más activos en el uso de una tecnología en particular*

|  | 21-30 AÑOS | 31-40 AÑOS | 41-50 AÑOS |
|---|---|---|---|
| MESSENGER | 9,5 | 19,5 | 18,2 |
| REDES SOCIALES | 2,8 | 11,4 | 7,4 |
| TWITTER | 88,1 | 124,5 | 40,8 |
| CORREOS-E | -7,9 | -7,0 | -12,7 |
| VOIP | -26,4 | -14,5 | -47,2 |
| VER TV | 49,7 | 52,4 | 35,8 |
| NOTICIAS | -14,9 | -22,2 | -29,2 |
| VIDEOJUEGOS | 39,7 | 56,5 | 118,3 |
| PUBLICAR FOTOS | 7,7 | 26,8 | 77,0 |
| PUBLICAR VIDEOS | 117,5 | 232,3 | 147,9 |

Fuente: Jiménez (2010a).

De estos números se puede concluir que son los más jóvenes quienes están dando forma a internet, un fenómeno que tiene importantes implicaciones para las empresas que usan los medios electrónicos para hacer negocios o anunciar sus productos y servicios. Además, los jóvenes muestran sus diferencias con el resto de los usuarios en muchas otras variables relacionadas no sólo con los hábitos de uso de internet sino con la forma como ven los medios digitales. Por ejemplo, para los nativos digitales ya el correo electrónico no es la forma de comunicación preferida, sino las comunicaciones simultáneas, como la mensajería instantánea y los SMS de la telefonía móvil. Igualmente, se muestran más inclinados a utilizar las redes sociales como forma de consumir contenidos, y la influencia que sobre ellos tienen sus contemporáneos es mayor que lo que ocurre en el resto de los grupos etarios.

En relación con las diferencias entre hombres y mujeres en el uso de internet, se observa un relativo equilibro que se ha mantenido estable en los últimos diez años.

### PERFIL SOCIOECONÓMICO DE LOS USUARIOS DE INTERNET

Una de las más extendidas creencias acerca de internet es que su uso se limita a personas de estratos sociales medios y altos. Esta creencia se fundamenta en que en los orígenes de internet los usuarios eran mayoritariamente de los estratos AB y C, que tenían conexión en sus hogares. No obstante, a mediados de la primera década del siglo XXI, los cibercafés permitieron que muchas personas de estratos más bajos se sumarán a la red, pues navegar una hora en un cibercafé equivalía al precio de un refresco. Ahora el crecimiento se alimenta de las conexiones móviles en hogares y en teléfonos celulares, que tienen una penetración muy alta.

Ya hemos visto que la brecha digital socioeconómica es menor que la brecha educativa y generacional. En efecto, en 2011, setenta por ciento de los usuarios de internet en Venezuela pertenecen a los estratos sociales D y E. En la medida en que la penetración de internet se extienda —y lo hará con toda seguridad— habrá más usuarios en los estratos D y E, porque es en ellos en donde se puede crecer. Esto colocará a internet como un medio masivo con el cual se podrá llegar a una población con una composición similar al universo de los venezolanos.

Figura 1.8
Venezuela: distribución de los usuarios de internet por estrato socioeconómico
*Porcentajes*

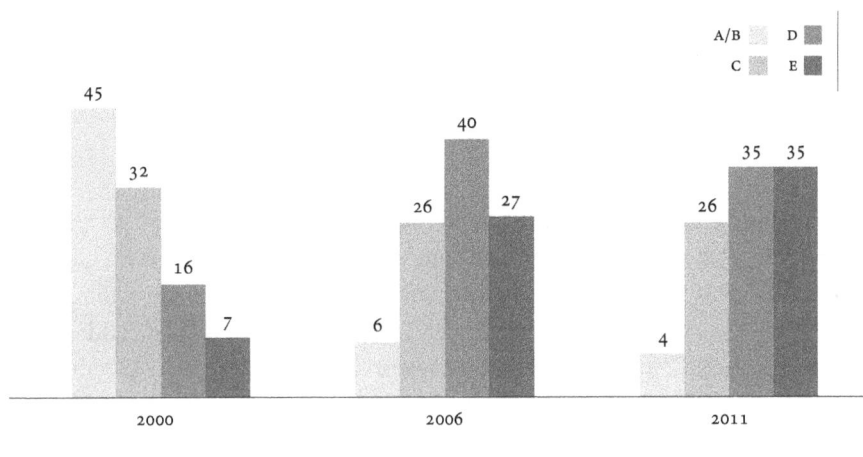

Fuente: Tendencias Digitales (2011a).

## ¿QUÉ HACEN LOS USUARIOS EN INTERNET?

Los usos de internet son muy amplios; entre ellos destacan seis categorías: comunicaciones, búsquedas, contenidos, socialización, videos-fotos y transacciones. Es difícil clasificar algunos de los usos, porque tienen varios componentes. La socialización y los videos y las imágenes son los que más están creciendo y cuyo uso por parte de los jóvenes está más extendido.

Cuadro 1.4

Venezuela: categorías de uso de internet

*Porcentajes de uso*

| CATEGORÍAS | USOS | PORCENTAJES | TENDENCIA |
|---|---|---|---|
| COMUNICACIONES | Correo electrónico<br>Mensajería instantánea | 60,9<br>43,6 | Estable |
| BÚSQUEDAS | Estudios<br>Trabajo<br>Pasatiempos | 51,4<br>27,0<br>15,6 | Estable |
| CONTENIDOS | Noticias<br>Descargas | 42,1<br>25,4 | Crecimiento moderado |
| SOCIALIZACIÓN | Redes sociales<br>Twitter | 50,2<br>14,5 | Gran crecimiento |
| VIDEOS Y FOTOS | Videos<br>Publicar fotos<br>TV en internet | 26,1<br>20,2<br>13,1 | Gran crecimiento |
| TRANSACCIONES | Banca electrónica<br>Comercio electrónico | 13,6<br>6,8 | Crecimiento moderado |

Fuente: Tendencias Digitales (2011a).

## LAS EMPRESAS EN INTERNET

«Los usuarios de internet suben en ascensor; las empresas, por las escaleras». Esta frase expresa el escepticismo de las empresas en relación con los medios digitales. No obstante, se empieza a observar un cambio importante en la posición de las empresas frente a internet. Un estudio realizado por Tendencias Digitales para la Cámara Venezolano Americana de Industria y Comercio (Venamcham), en una muestra de 201 empresas, evidencia cómo el escepticismo y la indecisión en relación con internet pierden participación entre las empresas venezolanas. La proporción de las empresas que declaran no creer en los medios digitales descendió de diez por ciento a apenas tres entre 2010 y 2011. Por su parte, las compañías que deshojan la margarita sobre su participación en los medios electrónicos también se redujeron drásticamente, de veinte por ciento a ocho. Este alentador resultado va acompañado de un aumento del número de empresas que manifiestan que la publicidad en internet les ha dado resultados y por eso han incrementado su inversión en ese medio.

Definitivamente las empresas en Venezuela comienzan a darse cuenta de las potencialidades de internet; parte del mérito se debe, sin duda, a la recesión económica que obligó a muchos a rendir su presupuesto, y a la influencia de los medios sociales, que han inducido a gran parte de las empresas a probar en los medios digitales.

Figura 1.9
Venezuela: las empresas e internet
*Respuestas de las empresas*

2010 ▓ 2011 ░

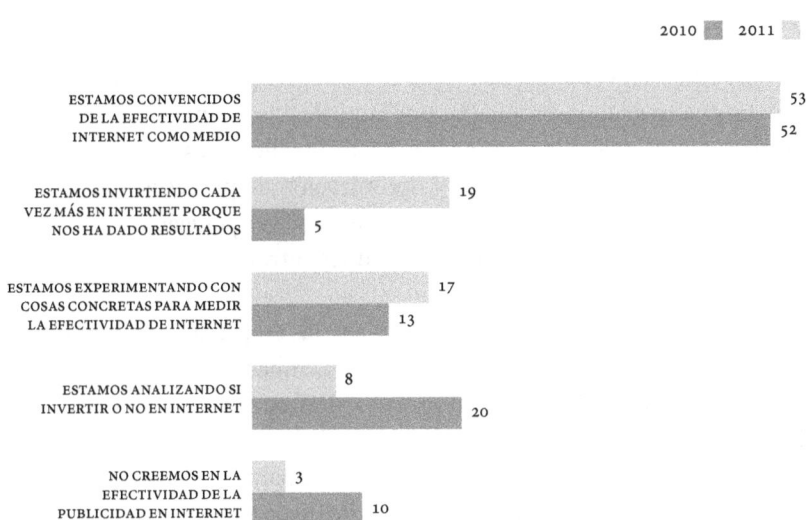

Fuente: Tendencias Digitales (2011b).

*PYMES ELECTRÓNICAS*

Desde 2003, Tendencias Digitales ha efectuado estudios sobre el uso de internet entre las pequeñas y medianas empresas. He aquí cinco hallazgos:

1   UNA MAYORÍA PYME. La mayor parte de los sitios web empresariales en Venezuela pertenecen a pequeñas y medianas empresas (pymes, empresas que tienen entre cinco y cien trabajadores). Aunque la proporción de pymes que poseen sitios en internet es inferior a la de las compañías más grandes y las corporaciones, como la mayoría de las empresas venezolanas son pymes, ellas poseen la mayor parte de los sitios en internet (esta presen-

cia no diferencia entre un sitio de dos o tres páginas y un portal con múltiples funcionalidades y posibilidad de realizar transacciones electrónicas).

2 BARRERAS PARA ESTAR EN LÍNEA. Las empresas pequeñas y medianas que aún no tienen presencia en internet declaran que la principal barrera que se los impide es el desconocimiento, pues estas empresas no poseen departamentos de sistemas y, por tanto, son más dependientes de proveedores externos que tengan el conocimiento y la capacidad de ofrecerles una visión de las ventajas que se derivan del uso de internet. Es positivo, sin duda, que las barreras no sean las percepciones negativas hacia la tecnología. También puede decirse que la proliferación de medios sociales como Facebook y Twitter están contribuyendo a bajar estas barreras.

3 BENEFICIOS DE INTERNET. Las ventajas percibidas de internet se concentran en cuatro grupos, ordenados por importancia: 1) imagen y presencia en el medio, 2) atención y conocimiento de los clientes, 3) incremento de las ventas y 4) ahorro de costos y optimización de procesos. Otras ventajas emergentes como la innovación aún no se ven reflejadas de manera determinante. Estos resultados son comunes entre empresas de diferentes tamaños.

4 BRECHA DE LA PUBLICIDAD. Las pymes son las empresas que menos han usado internet como medio publicitario. Sin embargo, en ellas se encuentra la mayor proporción de empresas que manifiestan estar convencidas de la efectividad de internet; destacan sobre todo la posibilidad de alcanzar a audiencias mayores con menos costos. Incluso para muchas empresas pequeñas este es prácticamente el único medio disponible, pues los costos de acceder a medios masivos son prohibitivos.

5 EL CORREO ELECTRÓNICO MANDA. El formato publicitario más usado por las pymes es el correo electrónico; otras formas de publicidad digital, como *banners* o buscadores, son escasamente empleadas. El correo electrónico es un medio muy efectivo para lograr una respuesta directa de los clientes potenciales, lo que podría explicar la gran satisfacción con este formato y con la publicidad digital en general. El correo electrónico ofrece también un gran potencial viral: la propensión de que los contenidos sean compartidos con otros usuarios.

*CORPORACIONES EN INTERNET*

A diferencia de las pymes, todas las corporaciones venezolanas tienen presencia en la red. A pesar de esto, estas empresas no están necesariamente sacando el mayor provecho de internet para sus negocios.

La forma como las grandes empresas ven a los medios electrónicos se refleja en la manera como están promoviendo sus propios sitios de internet. En efecto, esa promoción está centrada en los medios tradicionales (material POP, eventos, prensa y algo de TV y radio) y ha dejado de lado medios naturales para estos fines como la publicidad en buscadores, el *email marketing* y el desarrollo de campañas virales que promuevan la publicidad «boca a boca», que en algunos grupos de usuarios es la principal forma para conocer sitios de internet (principalmente mediante redes sociales y sitios para compartir fotos y videos). No es que sea negativo usar medios tradicionales para promover sitios o iniciativas en internet. Por el contrario, es muy importante, siempre y cuando los medios tradicionales armonicen y se potencien con los nuevos medios.

Precisamente es en el uso de internet como medio publicitario donde estas empresas se muestran muy cautelosas: es grande la proporción que declara estar «experimentando» con los medios electrónicos para conocer su efectividad. La buena noticia es que este grupo no posee una proporción de adversos a los medios digitales superior al de empresas de otros tamaños. Aquí la tarea es de los medios electrónicos y las agencias de publicidad, que deben demostrar con números las potencialidades de internet. Para empezar, hay que romper paradigmas en la forma como se venden estos medios.

Otras áreas donde las empresas grandes miran a internet sin rezagos, en comparación con otras empresas, son la atención a los clientes, y el ahorro de costos y la optimización de procesos. En estas áreas las empresas más grandes sí han identificado oportunidades y se evidencian resultados significativos.

Las empresas están empezando a asumir a internet como un medio cuya expansión es irreversible. Si bien el auge de los medios sociales virtuales ha tenido un impacto importante en estas percepciones, no hay que olvidar las ventajas específicas que ofrecen formatos publicitarios más tradicionales en la Web, como la publicidad en buscadores, la publicidad en *banners* y los correos electrónicos. Todo dependerá de los objetivos de negocio que se tengan, del mercado meta o de la categoría de negocio de la empresa.

TENDENCIAS DIGITALES

Antes de enumerar las principales tendencias digitales, es necesario hacer tres consideraciones previas:

1   Este no es un análisis de las innovaciones tecnológicas. Muchas de las tendencias ya se encuentran en el mercado y su consideración obedece a un importante crecimiento esperado que las convierta en un fenómeno rele-

vante. La simple aparición de una innovación no la constituye una tendencia, al menos que a corto plazo impacte el mercado. En este sentido, muchas de las tendencias comentadas han estado presentes desde 2009.

2  El tiempo transcurrido entre la aparición de una innovación en los centros de desarrollo y su llegada a algunos países en desarrollo se ha venido reduciendo desde los años noventa.

3  Estas tendencias están elaboradas conforme a las condiciones actuales del mercado, específicamente tomando en consideración el entorno, la competencia y el estado de la tecnología. Variaciones en estos elementos podrían impactar negativamente su evolución o hacerlas cambiar.

Son muchos los fenómenos que están en marcha y sería largo hacer un recuento de todos. No obstante, tal diversidad se puede agrupar en tres grandes tendencias: mayor alcance y frecuencia, nuevos usos y comportamientos, y nuevos dispositivos.

Figura 1.10
Tres grandes tendencias digitales, 2011-2011

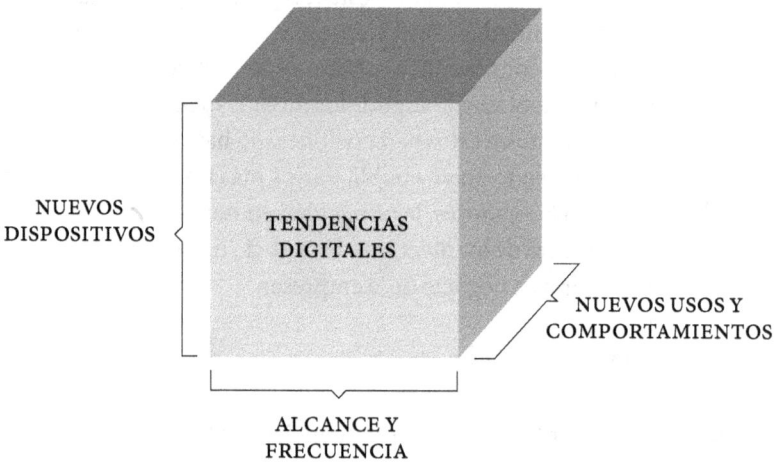

NUEVOS
DISPOSITIVOS

TENDENCIAS
DIGITALES

NUEVOS USOS Y
COMPORTAMIENTOS

ALCANCE Y
FRECUENCIA

Fuente: Jiménez (2011).

Internet se está convirtiendo en un medio relevante para las empresas y ha dejado de ser una cosa del futuro. Muchas compañías, de la mano de los medios sociales virtuales, han tenido la oportunidad de saborear los medios digitales y comprobar por sus propios ojos que internet sí funciona. Ya los medios electrónicos han superado a otros medios tradicionales en alcance, frecuencia y participación de las audiencias. Difícilmente las empresas dejarán por fuera los medios electrónicos, mucho menos cuando dentro de poco más de la mitad de la población empleará o estará relacionada con esos medios. Los próximos años serán sin duda un punto de inflexión para la publicidad en los medios digitales.

### NUEVOS USOS Y COMPORTAMIENTOS

Ya la Web 2.0 se consolidó, no sólo gracias al crecimiento de las redes sociales, sino a la transformación de muchos sitios web en medios sociales, en los que los usuarios publican, comentan y comparten contenidos. Sin embargo, esta «socialización en la Web» continuará profundizándose con usos adicionales como el comercio social y la geolocalización, así como mediante las conexiones móviles que propician el intercambio social en tiempo real. Internet seguirá también acercándose a las salas de las casas y dejará de ser una herramienta exclusiva de oficinas y salas de estudio. La eTV y los juegos de videos interconectados continuarán su penetración en el mercado.

### NUEVOS DISPOSITIVOS

Es creciente la movilidad de las conexiones y la convergencia entre equipos. El aumento de la movilidad se vincula a la expansión de la conexión a internet de los teléfonos móviles, así como de los servicios de internet móvil que ofrecen las operadoras de telecomunicaciones para la mayor cantidad de computadoras portátiles que colonizan el mercado. Pero esta movilidad también estará disponible para nuevos dispositivos que se conectan a internet y que han venido ganando espacios, tales como las consolas de videojuegos y las tabletas, que fueron las consentidas en la Feria de Consumo Electrónico[4] de Las Vegas en 2010.

---

[4] La Feria del Consumo Electrónico (cesweb.org), que se realiza todos los años en Las Vegas, Estados Unidos, es una de las ferias de tecnología de consumo más importante del mundo. Es común que en ella las empresas lancen nuevos productos.

## ▶▶▶ ¿Cómo era internet en Venezuela en el año 2000?

1 MENOS DE UN MILLÓN DE USUARIOS. El año 2000 cerró con 852 mil internautas. A pesar de que no se cumplieron las proyecciones de algunos estudios realizados en Estados Unidos —que esperaban que el número de usuarios creciera más del mil por ciento ese año y superara los tres millones—, en aquel momento el crecimiento con respecto a 1999 era halagador: más de sesenta por ciento.

2 ¿QUIÉNES SE CONECTABAN? 64 por ciento de los usuarios eran hombres y apenas 3,5 por ciento de la población se conectaba a internet. A pesar de que la mayoría de los usuarios tenían menos de 24 años, la proporción de usuarios entre 25 y 34 años era mucho mayor que hoy.

3 HOGARES DIAL-UP. La mayoría de los usuarios (35 por ciento) se conectaban en el hogar mediante conexiones *dial up* o discadas (sí, las que sonaban de manera tan característica cuando el módem establecía la conexión). Como consecuencia, casi la mitad de los usuarios pertenecían a los estratos ABC, y apenas 8 por ciento se conectaban en cibercafés, lejos de ser el fenómeno que los llevó a representar 74 por ciento de los usuarios en 2006.

4 USOS DE INTERNET MUY CONCENTRADOS. La mayoría de los usuarios se dedicaban a buscar información. También enviaban y recibían correo desde sus aplicaciones de escritorio y chateaban desde salas de chats en los sitios más populares. Esos tres usos concentraban casi tres cuartas partes de las actividades principales. No existían las redes sociales de hoy.

Internet era diferente. A principios del nuevo siglo había grandes expectativas sobre el futuro de los negocios digitales y el gobierno venezolano, mediante el decreto 825, consideraba la expansión de internet como política prioritaria para el desarrollo cultural, económico, social y político del país. Después de que la burbuja explotó, internet comenzó poco a poco a ganar espacios no sólo porque más usuarios se conectaban, sino porque cambió radicalmente la manera como los usuarios consumían y producían contenidos.

Diez años después, las expectativas con respecto a los medios digitales vuelven a ser grandes. Con una diferencia: en esta oportunidad, hay diez veces más usuarios y cada vez más empresas convencidas de las posibilidades del medio.

Cuadro 1.5
Internet en Venezuela: 2000 y 2011

| | 2000 | 2011 |
|---|---|---|
| USUARIOS | 852.000 | 10.850.000 |
| CRECIMIENTO INTERANUAL | 62% | 25% |
| CONEXIÓN EN HOGARES | 34,7% | 68% |
| BLOGS | LiveJournal y Blogger apenas habían sido creados en Estados Unidos | 23% de los usuarios leen blogs con regularidad |
| REDES SOCIALES | No existían como las conocemos hoy | +80% de penetración |

## RESUMEN DEL CAPÍTULO

1 INTERNET EN CRECIMIENTO. La penetración de internet ya es considerable y continúa creciendo, lo que hacer prever que en poco tiempo será un fenómeno masivo de mercado, pues más de la mitad de la población estará conectada. En algunas industrias, ya desde hace varios años, la adopción de internet está mucho más extendida que los porcentajes promedio de penetración nacionales o regionales.

2 MEDIOS DIGITALES QUE INFLUYEN SOBRE LAS COMPRAS. Internet está teniendo un papel preponderante en la decisión de compra de muchos consumidores. Es difícil que un cibernauta no recurra a internet cuando planea una compra, desde la creación de la necesidad, hasta la búsqueda de información, la comparación entre opciones y la valoración de una opción determinada en función de la experiencia de otros usuarios.

**3 Brecha educativa.** En Venezuela, las diferencias en el grado de instrucción crean la mayor brecha digital, seguidas de la edad y del estrato social. Este resultado confirma que la adopción de internet es un fenómeno que depende más de la educación que del ingreso.

**4 Mayoría joven y estratos DE.** Los usuarios de internet en Venezuela son en su mayoría jóvenes pertenecientes a los estratos socioeconómicos D y E. Sin embargo, en la medida en que la penetración de internet se incremente, el perfil de los usuarios tenderá a asemejarse al de los consumidores en general.

**5 Usos diversificados y Web 2.0 en crecimiento.** Los usos de internet son muy amplios. Entre ellos se destacan seis categorías: comunicaciones, búsquedas, contenidos, socialización, videos-fotos y transacciones. Los usos relacionados con la socialización y los videos y las imágenes son los que más están creciendo.

**6 Mayor presencia empresarial en la Web.** Los escépticos y los indecisos frente a la publicidad en internet están perdiendo terreno en el ámbito empresarial. El mayor crecimiento de internet a corto y mediano plazo vendrá de las pymes.

## TRES PRÁCTICAS CLAVE

**1** Determinar qué proporción de los clientes ya están en internet y cómo la utilizan para interactuar con los productos y las marcas. Definir los segmentos de mercado.

**2** Estudiar cómo la competencia y las empresas líderes del sector a escala mundial han abordado los medios digitales. Aprender de los líderes del sector o de otras industrias.

**3** Identificar cómo internet puede contribuir a cumplir los objetivos de negocio de la empresa. Internet no debe usarse por seguir una moda, sino por los beneficios que puede traer al negocio.

## GLOSARIO

**Brecha digital:** término que proviene del inglés *digital divide*, utilizado originalmente para referirse al riesgo de que la población se dividiera en dos grupos: quienes usaban internet y quienes no lo hacían, debido a su ingreso o educación, entre otros factores. Aunque generalmente se ha referido a la diferencia entre ricos y pobres, actualmente también se emplea para establecer diferencias de acuerdo con otras variables sociodemográficas, tales como sexo, edad, escolaridad, raza y lugar de residencia.

Nativos digitales: las personas que nacieron después de 1980.

Tecnologías de la información y las comunicaciones (TIC): sectores económicos relacionados con internet, telecomunicaciones e informática.

Web 2.0: también conocida como «internet de segunda generación», son las iniciativas que permiten la participación y la colaboración de los usuarios en la red.

## PRINCIPIOS BÁSICOS DE LOS NEGOCIOS E INTERNET

Un caso de estudio publicado en *Social Media Examiner,* una revista digital dedicada a los medios sociales virtuales, exponía la experiencia exitosa del empleo de internet en un negocio del mundo real. Ramón DeLeon (@Ramon_DeLeon en Twitter), que posee siete pizzerías en el área de Chicago, dijo algo que nos motivó a desarrollar una lista de principios para los negocios: «Los medios sociales son sólo herramientas modernas para hacer algo muy básico para los negocios» (Hibbard, 2010).

Esta frase coincide con algo que hemos sostenido por lo menos desde el año 2000, en pleno auge de las «puntocom»: aun cuando los negocios en internet poseen sus particularidades (que deben conocerse muy bien), los conceptos básicos de todo negocio (en internet y en el mundo real) se mantienen vigentes (Zambrano y Jiménez, 2000):

1 TENER UN PLAN DE NEGOCIOS. La empresa debe tener un plan de negocios que oriente su acción en el mercado y no le lleve a improvisar. Para ello hay que tomarse el tiempo para estudiar el entorno donde se opera, conocer el tamaño y las capacidades del mercado y, sobre todo, entender el negocio y su visión. Este

plan no sólo será útil para mantener el foco e identificar debilidades en la estrategia, sino que puede ayudar a la hora de captar inversionistas o recurrir a los bancos para obtener financiamiento. En el capítulo seis, Nunzia Auletta expone cómo preparar un plan de negocios.

2  CONOCER MUY BIEN A LOS CONSUMIDORES. La razón de ser de las empresas son sus clientes y consumidores. Por ello hay que conocer cuáles son sus necesidades, qué les gusta y cómo cambian sus hábitos y características a lo largo del tiempo. Este conocimiento lleva a su segmentación en grupos específicos que faciliten la satisfacción de sus necesidades y también una comunicación efectiva con cada segmento. Segmentar es precisamente una de las ventajas que distingue a los medios digitales que hay que aprovechar. Una comprensión profunda de los clientes y los consumidores puede ser la diferencia a la hora de entregar valor.

3  CONOCER A LOS COMPETIDORES. Las empresas no están solas en el mercado y se enfrentan diariamente a otras compañías que pretenden satisfacer mejor a los clientes y los consumidores. Conocer la oferta de estas empresas y sus movimientos estratégicos ayudará a buscar puntos de diferenciación y defender la base de clientes. Muchos negocios en internet tienen bajas barreras a la entrada; esto exige de ellos que se diferencien claramente de sus principales competidores, tomando en consideración sus fortalezas y debilidades, pero sobre todo los factores clave que los clientes toman en cuenta a la hora de tomar las decisiones. Para mayor información sobre este tema los invitamos a leer el libro *Análisis de la competencia* (Jiménez, 2010).

4  OFRECER PRODUCTOS Y SERVICIOS DE CALIDAD. Aunque la calidad del servicio o del producto no garantiza clientes leales, es una condición necesaria. En muchos mercados los clientes preferirán proveedores que presten un mejor servicio. Así mismo, una mayor tasa de retención de los clientes hace que su valor sea superior y que la empresa tenga que gastar menos recursos en captar nuevos clientes. La exposición de las marcas en los medios sociales exige también que la empresa ofrezca un servicio o producto con un mínimo de calidad.

5  MANTENER UN POSICIONAMIENTO CLARO. No es suficiente saber hacer las cosas bien y tener un excelente producto: los clientes deben saberlo y tener en cuenta a la empresa y sus marcas al momento de realizar las compras. Las marcas deben estar asociadas a su categoría en la mente de los consumidores. Siendo internet un medio de comunicación, debe aprovecharse para posicionar la marca en aquellos atributos clave para los clientes y consumidores.

Los medios electrónicos, y más recientemente los medios sociales, han impactado profundamente muchas actividades de los negocios, y lo siguen haciendo. Sin embargo, los principios básicos de los negocios se mantienen vigentes. Por eso, toda empresa debe aprovechar las ventajas de los medios electrónicos, pero sin dejar que las nuevas tecnologías la encandilen.

## OCHO RAZONES PARA USAR INTERNET EN LA EMPRESA

El uso de la tecnología ha venido expandiéndose notablemente en los últimos años. En un principio la medida de esa expansión era la penetración de las computadoras en las compañías, puesto que se entendía que esos equipos abrían un mundo de posibilidades para las empresas que los adquirían. Si bien se ha logrado mucho, la llamada brecha digital empresarial (o diferencia entre las empresas más grandes que han adoptado la tecnología y las más pequeñas que se mantienen rezagadas) aún está presente.

¿Qué ventajas tiene para las empresas el uso de la tecnología? A continuación se presentan ocho categorías de ventajas. La lista no es exhaustiva y está basada en los resultados de investigaciones de mercados realizadas en empresas. ¿Están los negocios aprovechando las ventajas que les puede ofrecer internet?

1  VENTAJAS RELACIONADAS CON LAS COMUNICACIONES. Comunicaciones no sólo se refiere al uso del correo electrónico para mantenerse en contacto con clientes y proveedores, sino a otras aplicaciones como la mensajería, la telefonía por internet (VoIP) y los medios sociales (Facebook y Twitter, principalmente). Hay que recordar que los jóvenes usan más estos medios (llamados «sincrónicos»), y que en la medida en que los jóvenes se conviertan en clientes es importante comunicarse con ellos a su modo.

2  VENTAJAS RELACIONADAS CON LA IMAGEN DE LA EMPRESA. Estas ventajas se derivan de dar a conocer la marca y los productos de la empresa con base en la presencia de la compañía en la Web y en iniciativas publicitarias que exploten el medio electrónico. Si los clientes usan internet debe considerarse seriamente emplear este medio para promover la empresa; hoy es muy fácil y los costos son manejables. En el capítulo tres se presentarán con mayor detalle las opciones publicitarias que internet ofrece a las empresas.

3  VENTAJAS RELACIONADAS CON LA REALIZACIÓN DE TRANSACCIONES. Se refieren a la posibilidad de vender productos por internet, o de apoyar la gestión de ventas, aun cuando ellas no se cierren electrónicamente. Esta posibilidad tiene gran potencial para productos y servicios que exigen poco

desembolso de dinero (entradas al cine, libros, música) o para los que, que por el contrario, requieren grandes volúmenes de información para tomar la decisión, por el dinero o el tiempo que exigen para comprarlos (vehículos, casas, estudios de postgrado). Hoy muchas pymes ofrecen sus productos en sitios de comercio electrónico, lo que reduce considerablemente los costos de llevar a cabo una iniciativa de este tipo. El capítulo cinco tratará de las posibilidades que ofrece el comercio electrónico para las empresas.

4  VENTAJAS RELACIONADAS CON LA ATENCIÓN A LOS CLIENTES. Internet se ha convertido en un canal de atención clave en muchos negocios como la banca comercial, en el que los clientes no sólo pueden aclarar sus preguntas sino que se «autosirven», ya sea para consultar su saldo o imprimir un estado de cuenta. Investigaciones de mercado realizadas por Tendencias Digitales (2010) han demostrado cómo los clientes que usan la banca por internet están más satisfechos con el servicio que aquellos que recurren a los medios tradicionales, como las agencias o los centros de atención telefónica. Cada vez más, internet se convierte en el «lugar» al que acuden los clientes cuando tienen un problema o interrogante. Hay que estar allí cuando los clientes necesiten ayuda.

5  VENTAJAS RELACIONADAS CON LA GENERACIÓN DE AHORROS. Incluyen todas aquellas aplicaciones que permitan reducir los costos frente a operaciones tradicionales. Estos costos se abaratan ya sea porque se necesita menos personal (que podrá pasar a otras áreas), porque se reducen los costos de la planta física o porque se incrementan las horas de operación (pues internet trabaja 24 horas al día, los 365 días de año). Las ventajas relacionadas con comunicaciones, transacciones y servicios, descritas anteriormente, generan ahorros en muchos casos.

6  VENTAJAS RELACIONADAS CON LA INVESTIGACIÓN DEL MERCADO. Internet ofrece un medio eficiente para recabar información de los clientes y consumidores porque es económico y fácil de usar. Si bien los medios electrónicos se venían empleando cada vez más para realizar encuestas en línea, con el auge de las redes sociales las aplicaciones con estos fines se han multiplicado, y han dado paso a la llamada «netnografía»: el análisis libre del comportamiento de los usuarios en internet, el estudio de sus conversaciones y acciones en las redes sociales.

7  VENTAJAS RELACIONADAS CON LA INNOVACIÓN. Las aplicaciones basadas en la obtención de información de los propios clientes o de redes de expertos facilitan los procesos de innovación y desarrollo de productos. El simple hecho de que una empresa permita que los clientes envíen sus comen-

tarios y sugerencias ofrece una información que será de gran utilidad para sus negocios.

8   Ventajas relacionadas con el reclutamiento de personal. El uso de internet para reclutar y seleccionar personal ofrece diversas posibilidades, comenzando con el propio sitio de internet de las empresas, en donde se pueden publicar ofertas y captar currículos. También es una práctica común enlazar los sitios de internet de las empresas con los sitios de empresas especializadas en empleo, de forma de aprovechar las ventajas que brindan estas plataformas.

Todo gerente debe revisar esta lista y evaluar cómo su empresa le está sacando provecho a internet. No puede perder tiempo y debe ponerse a trabajar, porque ahora mismo su competencia lo está haciendo.

## INTERNET COMO HABILITADORA DE LOS FACTORES CRÍTICOS DEL ÉXITO EMPRESARIAL

En una encuesta empresarial realizada por Datanálisis (2010), más de 200 empresas señalaban que los factores más importantes de su éxito eran la calidad del servicio (44 por ciento), su experiencia en el sector de actividad (37), sus calificados recursos humanos (35), el desarrollo de nuevos productos (25) y la imagen de marca (24). También formaban parte de esta lista otros elementos como las estrategias de venta, la publicidad y su competitividad en costos.

Figura 2.1
Factores críticos del éxito en empresas venezolanas
*Porcentajes*

Calidad del servicio (44)
desarrollo de nuevos productos (25)
estrategias de venta (15)     bajos costos (13)
alianzas estratégicas (15) experiencia-
tradición (37) imagen de marca (24)
diferenciación (10)     publicidad y promociones (14)
recursos humanos (35)

Los factores críticos de éxito son las áreas en las cuales los resultados, si son satisfactorios, asegurarán un desempeño exitoso de la empresa. En otras palabras, son las pocas áreas o los procesos clave en donde las cosas deben hacerse bien para que el negocio sea exitoso y, por ende, deben recibir una atención especial de la gerencia. Se basan en la «Ley de Pareto», según la cual ochenta por ciento de los resultados de una organización están relacionados con veinte por ciento de las causas, que por lo tanto requieren mayor atención (Jiménez, 2010).

En otra encuesta empresarial realizada por Tendencias Digitales (2011) se indagaron los principales beneficios que les proveía internet a una muestra de 200 empresas que tenían algún tipo de presencia en la Web. Las principales respuestas fueron labrarse una buena imagen (70 por ciento), mejorar la atención de los clientes (47), aumentar las ventas (37), conocer mejor a los clientes (33) y ahorrar costos (18). Estos beneficios han figurado consistentemente en estas encuestas desde hace diez años, y explican en cierta forma el incremento que ha venido experimentando la adopción de internet entre las empresas de todos los tamaños y sectores de actividad. Algunos de ellos, como el incremento de las ventas y la atención a los clientes, han aumentado considerablemente su importancia en los últimos años, y se han abierto paso entre los beneficios más generales como la imagen y la presencia en el medio.

Figura 2.2

Venezuela: beneficios de internet para las empresas

*Porcentajes de respuestas*

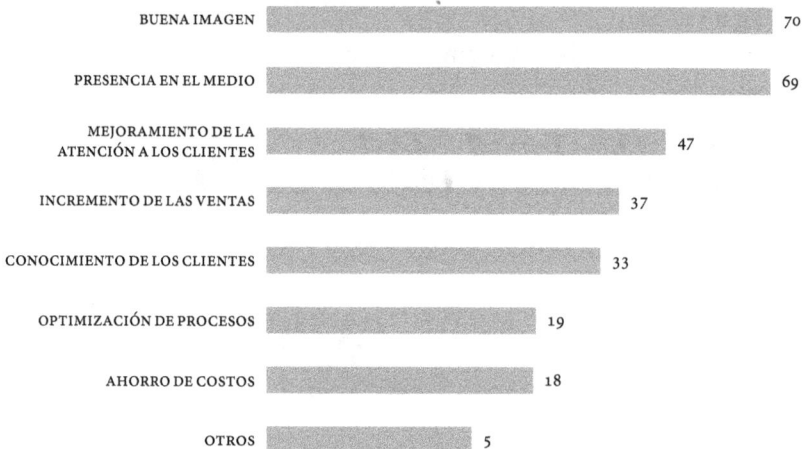

| | |
|---|---|
| BUENA IMAGEN | 70 |
| PRESENCIA EN EL MEDIO | 69 |
| MEJORAMIENTO DE LA ATENCIÓN A LOS CLIENTES | 47 |
| INCREMENTO DE LAS VENTAS | 37 |
| CONOCIMIENTO DE LOS CLIENTES | 33 |
| OPTIMIZACIÓN DE PROCESOS | 19 |
| AHORRO DE COSTOS | 18 |
| OTROS | 5 |

Fuente: Tendencias Digitales: «Empresas en la Web». *Business Venezuela*. Marzo de 2011.

Lo que más llama la atención es la relación que guardan los beneficios identificados en el uso de internet con los factores críticos del éxito. La red está permitiendo que muchas empresas mejoren sus procesos de servicio y soporte a los clientes, y ahorren costos que las hagan más competitivas en el mercado. Adicionalmente, internet ha demostrado que es útil para conocer a los clientes y promocionar la imagen de las marcas. Se puede decir, sin duda, que internet es una importante habilitadora de los factores críticos del éxito de las empresas. Visto de otra forma, es casi imposible encontrar una empresa exitosa que no se apoye en las tecnologías de la información y las comunicaciones para competir en los mercados actuales.

## BENEFICIOS DE INTERNET PARA LAS EMPRESAS

### *MERCADO ATRACTIVO*

Uno de los modelos de negocio más importantes en internet es el comercio electrónico. En el año 2009, según cifras publicadas por *Forrester Research*, las ventas electrónicas en Estados Unidos superaron los 156 millardos de dólares, lo que equivale a una participación del seis por ciento en las ventas totales al detal. Amazon es el máximo representante global entre las empresas que operan en este mercado, y una de las primeras puntocom emblemáticas que no sólo sobrevivió a la caída del Nasdaq, sino que puso sus cifras en azul.

Sin embargo, el vendedor en internet puede ser una empresa pequeña, mediana o grande, incluso una persona sin ninguna locación comercial. Además, los compradores no sólo son empresas sino particulares. En este sentido, el intercambio puede ocurrir entre empresas y personas (llamado B2C o *business to consumer*), entre empresas (comercio B2B o *business to business*) y entre los propios particulares (denominado C2C o *consumer to consumer*). Aun cuando el mayor volumen de transacciones ocurre entre empresas, el comercio entre particulares ha venido ganando mercado.

El comercio electrónico es cada vez mayor y ofrece múltiples ventajas, tanto para el oferente como para el que adquiere un bien o servicio. Para una empresa que quiere aprovechar este medio, la posibilidad de tener una tienda abierta las 24 horas del día, los siete días de la semana, es sin duda uno de los principales atractivos. Igualmente, este mercado no tiene fronteras y le ha permitido a muchas empresas llegar a clientes en lugares distantes o a sectores en los que nunca se había realizado esfuerzo alguno de mercadeo, a pesar de las múltiples restricciones al comercio internacional que todavía existen, como los costos de transporte y los impuestos.

Hoy el comercio electrónico es una realidad cotidiana en países como Estados Unidos, donde la bancarización está extendida y las compras en línea ofrecen múltiples ventajas. En muchos países de Latinoamérica, sin embargo, algunas barreras han impedido que las ventas electrónicas al detal tengan más presencia en la economía. Entre estas barreras destacan cuatro específicas: la escasa población expuesta (los usuarios de internet poseedores de tarjetas de crédito), la desconfianza en los medios electrónicos (referida no sólo a los medios de pago, sino a la calidad del producto y a su entrega oportuna), el aspecto social de la compra (los usuarios prefieren el contacto personal con el oferente y los productos) y la oferta limitada. También la recesión económica, cuando está presente, afecta los negocios electrónicos, tal y como lo hace con el resto de la economía.

La buena noticia es que al analizar las barreras en el tiempo, algunas de ellas tienden a disminuir, no sólo porque el número de usuarios expuestos se incrementa, sino porque la desconfianza en estos medios también se reduce a medida que las experiencias favorables se propagan y generan comentarios positivos. Entre estas experiencias exitosas se pueden mencionar los sitios de subastas (que ya permiten la compraventa directa), en donde compradores y vendedores particulares se conectan para cerrar una transacción, así como los sectores del turismo y los boletos, que demuestran que internet es un canal idóneo para realizar sus ventas. Barreras importantes por derribar son la ausencia de una factura electrónica y el costo de los envíos, que impactan sobre todo en productos de poco desembolso. A pesar de esto, cada vez más empresas ven en internet una oportunidad comercial, directamente relacionada con el comercio electrónico (y no con otros modelos de negocio como la publicidad). Este porcentaje se incrementa cada año.

Figura 2.3
Venezuela: barreras para comprar en internet
*Porcentajes de respuestas*

| Barrera | Porcentaje |
|---|---|
| NO TENGO TARJETA DE CRÉDITO | 40 |
| ME GUSTA VER LOS PRODUCTOS | 32 |
| DESCONFÍO PAGAR POR INTERNET | 26 |
| DESCONFÍO DE LA CALIDAD DE LOS PRODUCTOS | 24 |
| TEMO RECIBIR ALGO DISTINTO | 22 |
| COSTOS DE ENVÍO ELEVADOS | 13 |
| COMPRAR ES COMPLICADO | 11 |
| INCERTIDUMBRE SOBRE FECHA | 11 |
| NO SÉ CÓMO COMPRAR | 8 |
| NO HAY PRECIOS ATRACTIVOS | 8 |
| HAY QUE ESPERAR MUCHO | 6 |
| NO SÉ DÓNDE COMPRAR | 5 |

Fuente: Tendencias Digitales (2010a).

Si una empresa se siente atraída por la posibilidad de explorar en la Web un mercado para la venta de sus productos o servicios, es importante que comience por definir claramente su estrategia y se haga preguntas como éstas:

- ¿Qué marca y dominio de internet (nombre de su sitio de internet con la terminación «.com») usará para su negocio?
- ¿Cuál será su meta con la estrategia web: vender más, apoyar el proceso de decisión de compra, atender a los clientes que compran fuera de internet?
- ¿A qué segmentos de mercado se orientará?
- ¿Qué mecanismos de pago empleará si va al mercado masivo, considerando la baja bancarización y la escasa penetración de las tarjetas de crédito?
- ¿Cómo dará a conocer su iniciativa en internet para aumentar sus ventas?

*MEDIO PUBLICITARIO EFECTIVO*

La primera de las once leyes inmutables de la creación de marcas en internet, sugeridas por Al Ries y su hija Laura (2006), importantes referencias en el mundo del mercadeo, se refiere a las implicaciones que tiene para las marcas comerciales el hecho de que internet sea un medio para publicitarlas o sea un negocio en sí mismo para las empresas. Los Ries explican con todo detenimiento e ilustrando con ejemplos reales qué debe hacer una empresa con respecto a su marca, dependiendo del papel de internet en el negocio. Más que revisar las ideas de Ries, relativas a las marcas en la Web, nos pasearemos por las opciones que tienen las empresas que desean anunciarse en los medios digitales.

Una forma fundamental de publicitar marcas y productos, que muchas veces se subestima por lo obvia que resulta, es la propia página web de la compañía. Se trata no sólo de estar en este medio, sino de contar con un sitio que atienda la estrategia de negocios de la empresa, cuya arquitectura de información sea amigable y de fácil navegación y donde moverse sea un proceso rápido. Cumplir estas condiciones es fundamental para incrementar la tasa de conversión del negocio[1], sea esta la venta de un producto, la suscripción a una base de datos o buscar información que ayude en el proceso de compra, por mencionar algunas.

En los mercados donde internet ocupa un lugar más privilegiado en los presupuestos de medios, como el Reino Unido y Estados Unidos, adicionalmente a los sitios web de las propias empresas (y los esfuerzos para que esos sitios se po-

---

[1] La tasa de conversión son las tareas específicas que una empresa quiere obtener en su sitio de internet a lo largo del proceso y que pueden medirse para saber si se está logrando lo que se desea.

sicionen en los buscadores), existe una amplia oferta de anuncios publicitarios tradicionales (*banners*, rascacielos, etc.) en sitios de mucho tráfico, así como de avisos de texto asociados a los resultados de las búsquedas (por ejemplo, el servicio Google Adwords, que se estudiará en el capítulo tres). Estos avisos capturan gran parte de la inversión publicitaria digital, pero actualmente los medios sociales están ganando mucho espacio y atención de las empresas.

Cada vez es más común ver cómo las compañías están experimentando con nuevas formas de participación, entre las cuales se pueden encontrar las redes sociales, los videos virales, los seminarios en la Web (sobre todo para mercados B2B), *podcasts*, *RSS feeds* y blogs. Muchos de estos formatos surgieron en 2004 y 2005 con el desarrollo de la llamada Web 2.0, que hace referencia a esa etapa de la internet en la que los usuarios están generando gran parte de los contenidos; por eso en estos mercados se habla frecuentemente del «mercadeo conversacional» (un tema que se cubrirá en el capítulo cuatro), pues las marcas buscan formar parte de la interacción entre los usuarios, más que enviar mensajes publicitarios «tradicionales». En estos medios se pueden ver tanto avisos publicitarios como la participación directa de las marcas en la conversación.

En Venezuela, la publicidad en internet ha tenido una participación tímida en la inversión publicitaria total y ha estado mayoritariamente concentrada en los *banners* publicitarios y el *email marketing*. No obstante, ha habido experiencias exitosas llevadas a cabo por empresas anunciantes y medios interactivos en los medios sociales.

Se trata pues de saber que ya en Venezuela hay una oferta de medios en línea que llegan a importantes audiencias y que las empresas pueden aprovechar para promover marcas y productos con grandes ventajas asociadas como, por ejemplo, la posibilidad de segmentar el mercado y contar con un medio interactivo que permite hacer promociones cruzadas con medios tradicionales a costos muy competitivos y, sobre todo, con resultados medibles. Si un gerente tiene un perfil en una red social y consulta con frecuencia las noticias en internet, debe analizar cómo estos medios electrónicos pueden ser utilizados para anunciar sus productos y marcas; la publicidad no debe limitarse sólo a los medios tradicionales.

### CANAL DE ATENCIÓN DE LOS CLIENTES

Muchas empresas no cierran de forma electrónica sus transacciones, pero emplean la Web como canal de atención a sus clientes y como medio para incorporar sugerencias de los usuarios en sus procesos de prestación de servicios.

El caso más emblemático son los bancos, que hoy están atendiendo una importante proporción de las consultas de sus clientes mediante este medio. En otros sectores, como las empresas de telecomunicaciones y de seguros, internet es un elemento clave que gana participación en la prestación del servicio, y se ha constituido en un canal de comunicación entre el proveedor y sus usuarios, ya sea para realizar consultas, formular preguntas o colocar reclamos.

Las ventajas de internet son claras para la empresa proveedora y sus usuarios. Para la empresa destacan la posibilidad de agregar valor a la prestación del servicio, descongestionar sus canales tradicionales y ahorrar costos. Para los usuarios las ventajas se relacionan con la disponibilidad de un servicio 24 horas, sin traslados y sin tener que hacer colas.

Adicionalmente, el desarrollo de los servicios de segunda generación, o Web 2.0, está permitiendo que las opiniones de los clientes sean incorporadas en el proceso de decisión de compra y en la formación de la opinión sobre una empresa o producto. Este elemento es de gran importancia en aquellos negocios en los que las recomendaciones son fundamentales en las decisiones. Las opiniones pueden provenir de comunidades al margen de las empresas (llamadas comunidades *self-service*); más recientemente se empiezan a ver en los propios sitios de internet de los proveedores. Un ejemplo típico lo constituye Amazon, donde además de la información descriptiva del producto colocada por la tienda, se incorporan las evaluaciones y los comentarios de los usuarios sobre su experiencia de compra. También pueden citarse como ejemplos todas las comunidades en internet alrededor de productos, la mayoría de ellas al margen de la empresa (comunidades de usuarios de Blackberry, iPod, etc.).

En la medida en que el servicio o producto ofrecido requiera de los clientes más inversión en tiempo o dinero, las necesidades de información se incrementan y, en este ambiente, las opiniones de los compradores anteriores tienen un gran valor para los usuarios, en adición a la información formal que provee la empresa.

*VENTANA PARA INVESTIGAR EL MERCADO*

Así como internet ha tenido efectos considerables en algunos sectores como los medios de comunicación, la música, el reclutamiento de recursos humanos y el comercio, por mencionar algunos, también lo ha hecho con la investigación de mercados. Su impacto más notorio radica en el acceso a mayores volúmenes de información y a la facilidad de encontrar ese contenido, lo cual hace que cualquier investigación secundaria[2] sea mucho más fácil de realizar que hace diez años.

---

[2] Es el tipo de investigación que se basa en datos publicados.

Internet también ha permitido acceder a los consumidores y conocer sus opiniones mediante encuestas en línea. De hecho, Esomar, la asociación mundial de investigadores de mercado, calcula que cerca de 23 por ciento de las investigaciones de mercado en el mundo se realizan mediante medios electrónicos; Bulgaria, Canadá y Japón son los países en donde se usan más estos métodos, con 43, 39 y 36 por ciento de todos los estudios de mercado, respectivamente. En América Latina este método representa menos de cinco por ciento del presupuesto para investigación de mercados, pero muestra un importante crecimiento.

Figura 2.4

La investigación de mercado en línea en el mundo

*Primeros países en inversión en investigación en línea en comparación con el gasto total en investigación de mercado (porcentajes)*

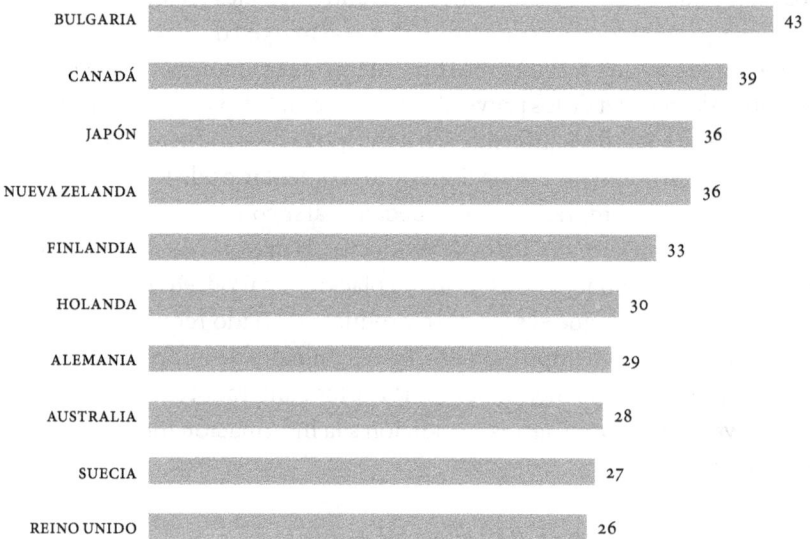

| País | Porcentaje |
|---|---|
| BULGARIA | 43 |
| CANADÁ | 39 |
| JAPÓN | 36 |
| NUEVA ZELANDA | 36 |
| FINLANDIA | 33 |
| HOLANDA | 30 |
| ALEMANIA | 29 |
| AUSTRALIA | 28 |
| SUECIA | 27 |
| REINO UNIDO | 26 |

Fuente: Esomar (2009).

El desarrollo de la Web 2.0 ha permitido que los investigadores empleen nuevamente la red para obtener información cualitativa de gran valor para conocer el comportamiento de los usuarios. Es lo que se ha llamado la «netnografía». Esta técnica se basa en la observación de los usuarios en las redes sociales, donde es posible obtener información de interés para el mercadeo y el desarrollo de productos, porque estos usuarios se encuentran interactuando libremente entre sí y sin ningún tipo de intervención por parte del investigador.

En definitiva, la investigación en línea es una excelente opción para realizar estudios de mercado, pero, como todo método, presenta ventajas y desventajas. Lo importante es que el investigador y el cliente las conozcan y basados en un análisis costo-beneficio puedan decidir la mejor opción.

Cuadro 2.1
Ventajas y desventajas de la investigación de mercados en internet

| VENTAJAS Y DESVENTAJAS | COMENTARIOS |
| --- | --- |
| RAPIDEZ | Un estudio regional que llevaría meses realizar se puede ejecutar en pocas semanas |
| AHORRO DE COSTOS | Su costo oscila entre 30 y 50 por ciento de un estudio cara a cara |
| COBERTURA GEOGRÁFICA | Se pueden cubrir amplios territorios; es una excelente opción para estudios regionales o globales |
| SESGO INHERENTE A LAS DIFERENCIAS ENTRE UNIVERSO Y MUESTRA | En algunos casos se puede minimizar o corregir |

Robert Heeg, un prolífico articulista sobre temas de investigación de mercados que suele publicar en la revista digital *Research World*, ha planteado la discusión entre algunos representantes de las más prestigiosas empresas de investigación tradicional de mercados sobre cinco aspectos en los cuales internet ha influido en este campo:

- ALCANCE: internet permite lograr un mayor alcance.
- SUSTITUCIÓN: las encuestas en línea sustituirán los métodos tradicionales.
- COMPETENCIA: ahora cualquiera puede realizar investigaciones de mercado.
- REPUTACIÓN: algunas aplicaciones de la investigación de mercados en línea han dañado la reputación de la industria.
- CALIDAD: los gremios deben ayudar a entender las mejores prácticas y los proveedores deben ser más responsables.

INTERNET COMO FUENTE PARA LA INNOVACIÓN

Internet es una excelente plataforma para la colaboración en masa, que ha hecho que los tiempos actuales sean llamados la «Era del *Peer Production*» o de la producción con los pares: la posibilidad de que muchos usuarios creen valor gracias a la colaboración abierta entre ellos. Un excelente ejemplo de trabajo en colaboración es Wikipedia, una enciclopedia en línea que emplea pocos trabajadores, gracias a que utiliza una aplicación que permite que los usuarios publiquen y editen el contenido.

La habilidad de poner a muchas personas a colaborar es una importante ventaja competitiva. La colaboración para la innovación ocurre de diferentes formas, entre las que destacan dos modelos: Ideagoras y Prosumidores (Tapscott, 2006).

Ideagoras se refiere a la creación de mercados de ideas, en los que inventos y mentes calificadas emergen para permitir a las empresas acceder a fuentes que superan con creces sus recursos internos. La innovación abierta permite que una empresa, en uno de estos mercados, ofrezca una «recompensa» a quien le ofrezca la mejor manera de resolver un problema o reto de negocios. Por su parte, los prosumidores son una nueva generación de consumidores: productores que participan de la innovación, ya sea en los sitios en internet que las compañías habilitan para tales fines (como lo hacen BMW o Lego) o mediante comunidades creadas por los propios usuarios (también llamadas comunidades autoservidas, como las de Toyota Prius o el iPod de Apple).

Con las tecnologías de información, las empresas tienen la posibilidad de conocer de primera mano qué opinan los clientes de sus productos y marcas, cómo los usan y qué expectativas tienen de ellos. Esto definitivamente es una gran oportunidad para introducir mejoras y adecuarse al mercado.

APOYO EN EL RECLUTAMIENTO DE PERSONAL

Una de las áreas en las que internet ha tenido un considerable impacto ha sido en el reclutamiento y la selección de recursos humanos.

Los factores que hicieron surgir este uso tecnológico son el incremento de la penetración de internet, sobre todo en la llamada generación Y (los nacidos después de 1980), la oferta variada de sitios en internet dedicados al mercado laboral y el desarrollo de la Web 2.0, en la que se desenvuelve una conversación que permite a los reclutadores identificar y conocer potenciales trabajadores.

Este potencial de internet se incrementa en cargos profesionales y gerenciales, en los que el uso de internet es mayor, pero no excluye a todo el espectro laboral: estudios realizados sobre los usos de internet en Latinoamérica muestran cómo en los estratos socioeconómicos más bajos uno de los motivos para acceder a la red es la necesidad de conseguir un empleo.

El uso de internet para reclutar y seleccionar personal ofrece diversas posibilidades. La primera de ellas son los propios sitios web de las empresas, en los que es común que se ofrezca información para que los aspirantes conozcan acerca de las oportunidades de carrera e incluso se postulen a alguna posición. Este espacio virtual también puede ser usado como un medio para hacer de la empresa un destino laboral deseable. Muchas compañías trasladan esta función y vinculan su sitio en internet con las empresas de empleo que operan en la red, lo que constituye la forma más típica utilizada por reclutadores y empleadores. En América Latina existen varias empresas reconocidas que ofrecen su plataforma para que los aspirantes registren su currículo y se postulen, entre las que destacan Empleate.com y Bumeran.com.

El desarrollo de la Web 2.0 ha colocado en el tablero una manera adicional para identificar recursos que muchas organizaciones comienzan a utilizar con intensidad, debido a las posibilidades de comunicación directa que ofrecen. La primera, y quizás la más tradicional, es la publicación de solicitudes de empleo. En este caso, las redes se constituyen en un medio de comunicación de muy bajo costo (incluso gratuito) que sustituyen a un anuncio impreso tradicional. Otras empresas que aprovechan las redes sociales para hacer mercadeo y «entrar en la conversación» con sus audiencias usan estos sitios para conocer potenciales candidatos, aun cuando no haya una solicitud concreta, e identificar personas que podrían encajar en una cultura corporativa determinada.

Sitios como Facebook ya tienen una aplicación para que sus usuarios coloquen su currículo, mientras que Twitter ofrece una herramienta de búsqueda de empleos (twitterjobsearch.com). Otras redes que se han especializado en el ámbito profesional, como LinkedIn, brindan numerosas herramientas, tanto para los aspirantes como para los reclutadores y empleadores.

El uso de las redes sociales ofrece ventajas para el reclutamiento y la selección de personal, entre las cuales destacan la posibilidad de obtener información acerca de potenciales candidatos, y disfrutar sus bajos costos y su carácter viral, que permite que una solicitud sea reenviada a una comunidad de amigos. Otro uso, aunque inadecuado, es la utilización de internet para obtener información del perfil y las actividades de los aspirantes con propósitos discriminatorios.

Un empleador debe revisar qué está haciendo en las redes sociales y evaluar el uso de este medio para obtener el mejor provecho en las actividades de reclutamiento y selección. Un empleado no debe dejar de tener su perfil actualizado en sitios como LinkedIn, entre otros, que son visitados frecuentemente por reclutadores en la búsqueda de los mejores talentos.

## ¿CÓMO PUEDE UNA EMPRESA TENER PRESENCIA EN INTERNET?

Hay tres formas en las que una empresa puede estar en internet: crear un sitio web propio, anunciarse en medios electrónicos y participar en los medios sociales. El capítulo tres tratará sobre las dos primeras formas; los medios sociales serán parte del capítulo cuatro.

### CREAR CONTENIDOS EN UN SITIO EN INTERNET

Crear un sitio web puede parecer una recomendación muy básica a estas alturas, pero aún algunas empresas no poseen uno y muchas de las que lo poseen no cuentan con un espacio digital que atienda las expectativas de sus audiencias, e incluso, algunas veces, ni la estrategia de negocios de la empresa. En un mundo Web 2.0, donde los usuarios están generando contenidos y donde abrir un espacio en algún medio social pareciera sencillo y económico, la necesidad de tener un sitio web puede ponerse en entredicho.

Sin embargo, contar con una identidad digital propia es una necesidad básica de estos tiempos. El sitio web es controlado por la empresa y no depende de la popularidad o la disponibilidad de una red social o un servicio gratuito. Esta es la casa de la marca, en donde se puede ubicar a la empresa y los usuarios pueden encontrar información oficial. Independientemente de la importancia que puedan tener otros medios en la estrategia digital, la compañía debe poseer un sitio en internet.

Otras formas de mantener una presencia en internet hoy día, complementarias con el sitio web tradicional, son los sitios móviles, que permiten la navegación desde los teléfonos inteligentes y las tabletas. También las aplicaciones nativas, para Iphone, Blackberry o dispositivos Android, son una manera de tener una presencia en internet.

### ANUNCIAR EN INTERNET

Internet es un medio de comunicación que llega a una audiencia en la que muchas empresas están interesadas. Invertir en publicidad digital es una opción que muchas compañías han probado y con la que obtenido resultados favorables. Si el objetivo es hacer que la marca se conozca más, captar nuevos clientes, vender más o fidelizar a los clientes actuales, los medios digitales ofrecen una amplia variedad de opciones. Pautar en un medio electrónico mediante un *banner*, contratar publicidad en los buscadores o emplear el correo electrónico para llegar a los clientes son algunas de las maneras que tradicionalmente se han empleado. La decisión de cuál formato utilizar depende del objetivo de negocio y de las características de la audiencia, entre otros factores. Cualquier iniciativa de publicidad en internet debe armonizarse con la publicidad en medios tradicionales y, sobre todo, con el sitio web de la empresa.

*SOCIALIZAR*

La tercera manera de tener presencia en internet es participar en los medios sociales. Hoy muchas compañías mantienen una cuenta en Twitter o una página de marca en Facebook, pero estas no son las únicas maneras de participar en la Web 2.0. Los medios sociales están formados por un amplio espectro de sitios de internet en los que los usuarios generan contenido y lo comparten en comunidades que giran en torno a temas e intereses comunes. Los sitios para compartir videos y fotos, los agregadores de contenido, marcadores sociales y blogs son algunos de los medios que acompañan a las populares redes sociales y a Twitter en este entramado Web 2.0. Participar en estos medios implica sus riesgos, pero también ofrece importantes oportunidades para que las marcas interactúen con los consumidores.

¿Su empresa tiene presencia en internet? ¿Cuál de estas formas está empleando? Si su empresa no ha elaborado una estrategia en internet, le invitamos a que lo considere. En pocos años más de la mitad de los venezolanos estará conectado y es muy probable que la competencia también.

Figura 2.5
Cada medio electrónico cumple uno o varios objetivos

| *Sitio web/Móvil Aplicación nativa* | *Banners Correo-e Adwords* | *Blogs Redes sociales Video Microblogging Otros* |
|---|---|---|
| CREAR CONTENIDOS | ANUNCIAR | SOCIALIZAR |
| • Mantener la identidad digital<br>• Proveer información de productos que apoye la decisión de compra<br>• Cerrar transacciones | • Incrementar conocimiento de marca<br>• Buscar respuesta directa<br>• Conseguir nuevos clientes | • Reforzar posicionamiento<br>• Fidelizar clientes<br>• Conocer a los clientes |

## ▶▶▶ Filantropía en medios sociales

El auge de los medios sociales ha facilitado el intercambio de información y la colaboración entre los usuarios, con fines que abarcan el entretenimiento, la política o la filantropía, entre otros. Es sorprendente cómo la gente colabora de manera desinteresada y logra grandes cosas. Los ejemplos abundan, tales como los clásicos del *software* libre, Wikipedia y las evaluaciones de productos hechas por los compradores de Amazon. Estos ejemplos muestran que el uso de internet tiene múltiples implicaciones, no sólo en los negocios y la publicidad, sino en la política y la sociedad.

Hechos lamentables como accidentes o catástrofes naturales sirven para mostrar cómo los usuarios recolectan fondos para quienes los necesitan. Facebook y Twitter son las primeras y principales maneras por las cuales se difunde el mensaje y la solicitud de ayuda, sobrepasando muchas veces a los medios tradicionales. Ya en algunos medios sociales como Facebook se han desarrollado aplicaciones para organizar estas causas y hacer que individuos y organizaciones puedan movilizarse más fácilmente para recabar fondos o lograr algún apoyo. Entre estas aplicaciones se encuentra quizás la más emblemática: Causes, desarrollada por Project Agape, así como también otras como FirstGiving, Change.org y ChipIn.

No sólo es común ver solicitudes de apoyo para causas específicas y espontáneas; cada vez más organizaciones de ayuda sin fines de lucro buscan apoyo en estos medios. La Cruz Roja (@redcross) y la Sociedad Estadounidense del Cáncer (@americancancer) están usando activamente Twitter en Estados Unidos, al igual que organizaciones internacionales como Green Peace (@Greenpeace_Intl) y Unicef (@unicef), por sólo mencionar cuatro de ellas. Al haber cada vez más usuarios conectados a internet y a los medios sociales, estas organizaciones emplean estos medios para dar a conocer sus programas y causas, así como para captar nuevos donantes e informar acerca de sus actividades. También es común que estas organizaciones empleen estos medios para difundir casos de éxito, que les permitan captar la atención de los usuarios. En Venezuela, organizaciones como Senos Ayuda (@senosayuda), Seno Salud (@senosalud) y Unicef (@unicefven) destacan como las más seguidas en Twitter Venezuela[3].

---

[3] Twitter Venezuela (twven.com) es un sitio de internet que muestra cifras de las principales cuentas de Twitter en diferentes categorías.

Así como las ONG se han percatado del potencial de estos medios para la difusión de sus mensajes y la consecución de sus objetivos, las empresas deben tomarlos en serio como vehículos para promover sus iniciativas de responsabilidad social empresarial. Es muy recomendable que una compañía emplee estos medios para apoyar causas sociales; entre otras razones, por sus menores costos y, sobre todo, su carácter viral. Definitivamente, esta es una excelente manera de comenzar con los medios sociales y conversar con los usuarios (Jiménez, 2009).

## RESUMEN DEL CAPÍTULO

1  LOS PRINCIPIOS BÁSICOS DE LOS NEGOCIOS FUNCIONAN TAMBIÉN EN INTERNET. Los medios sociales son sólo herramientas modernas para hacer algo muy básico de los negocios. Es importante no olvidar cinco principios: tener un plan de negocios, conocer muy bien a los consumidores, conocer a los competidores, ofrecer productos y servicios de calidad, y mantener un posicionamiento claro.

2  VENTAJAS EN INTERNET PARA LAS EMPRESAS. Las principales ventajas que internet ofrece a las empresas son las comunicaciones, la promoción de la imagen de la empresa, la realización de transacciones comerciales, la atención a los clientes, la generación de ahorros, la investigación de mercados, el apoyo en la innovación y el reclutamiento de personal.

3  CONVENIENCIA DEL COMERCIO ELECTRÓNICO. Las principales ventajas del comercio electrónico para las empresas son la posibilidad de tener una tienda abierta las 24 horas del día, los siete días de la semana, seguida de su amplio alcance geográfico (nacional o internacional).

4  FORMAS PARA ANUNCIARSE. El principal medio para promover la empresa en internet es su sitio en la Web y los correos electrónicos, seguido de los anuncios publicitarios tradicionales que pueden colocarse en sitios de mucho tráfico (*banners*) y los avisos de texto asociados a los resultados de las búsquedas (por ejemplo, Adwords de Google). Igualmente, la Web 2.0 y sus medios sociales están captando montos crecientes de inversión publicitaria digital.

5  CLIENTES MÁS SATISFECHOS. Las ventajas que internet ofrece para las empresas que la usan para atender a sus clientes son la obtención de más clientes satisfechos, el descongestionamiento de sus canales tradicionales y el ahorro de costos.

6 MEJORAMIENTO Y ADECUACIÓN AL MERCADO. El uso de las tecnologías de la información por parte de las empresas permite conocer de primera mano qué opinan los clientes de sus productos y marcas, cómo los usan y qué expectativas tienen hacia ellos. Esto definitivamente es una gran oportunidad para introducir mejoras y adecuarse al mercado.

7 TRES FORMAS DE TENER PRESENCIA EN INTERNET. Hay tres formas generales con las que una empresa puede estar en internet: crear un sitio web propio, anunciarse en medios electrónicos y participar en los medios sociales.

## TRES PRÁCTICAS CLAVE

1 Definir claramente cuál será el posicionamiento de la empresa en internet y su nombre de dominio (nombre del sitio web con la terminación «.com»)[4].

2 Aprovechar las ventajas de los medios electrónicos, pero sin dejar que las nuevas tecnologías encandilen a quienes deciden en la empresa. Se debe comenzar por revisar la lista de beneficios que estas tecnologías ofrecen y elegir uno que sea factor crítico del éxito del negocio.

3 Comenzar a aproximarse a los negocios en internet con aquellas iniciativas que sean fáciles de ejecutar, tales como investigación de mercados y promoción de la marca.

## GLOSARIO

FACTORES CRÍTICOS DEL ÉXITO: áreas en las cuales los resultados, sin son satisfactorios, asegurarán un desempeño competitivo exitoso de la empresa. Son las pocas áreas o los procesos clave donde las cosas deben hacerse bien para que el negocio sea exitoso y, por ende, deben recibir una atención especial de la gerencia.

MERCADEO CONVERSACIONAL: tipo de mercadeo que intenta hacer tratos comerciales entre una empresa y sus potenciales clientes, basado en las conversaciones que ocurren en un mercado. Está basado en la primera tesis de «El Manifiesto Cluetrain» (Locke y otros, 2000): «Los mercados son conversaciones». Este manifiesto, publicado en pleno auge de las empresas puntocom, contiene 95 tesis relacionadas con el efecto de internet sobre la manera de hacer negocios.

METAS DE CONVERSIÓN: tareas específicas que una empresa quiere obtener en su sitio de internet a lo largo del proceso y que pueden medirse para saber si está logrando lo que desea.

---

4 Los nombres de dominio en internet permiten traducir las direcciones IP a nombres fáciles de memorizar (como SoyMaratonista.com, cuya dirección IP es 97.74.182.128).

NASDAQ: acrónimo en inglés del Sistema Automatizado de Cotizaciones de la Asociación de Agentes de Valores. Es una bolsa de valores de Estados Unidos, con más de siete mil acciones de pequeña y mediana capitalización, generalmente de los sectores tecnológicos.

NETNOGRAFÍA: técnica de recolección de información que se basa en la observación de los usuarios en las redes sociales cuando se encuentran interactuando libremente entre sí y sin ningún tipo de intervención del investigador.

# Publicidad en internet

## PANORAMA DE LA PUBLICIDAD DIGITAL

### *LA PUBLICIDAD EN LÍNEA ESTÁ CRECIENDO*

La publicidad en línea ha venido ganando espacio en el mercado, no sólo producto de la penetración de internet, sino de las experiencias exitosas cada vez más comunes. Esta tendencia se evidencia al revisar las cifras de participación de la publicidad digital en la inversión total en los principales mercados.

En países como el Reino Unido y Dinamarca ya la publicidad digital supera a la que se hace en televisión, mientras que en otros países europeos y en Estados Unidos el medio digital sigue creciendo y ganando participación en la inversión publicitaria total.

La participación publicitaria en línea en América Latina dista mucho de Europa y Estados Unidos. En los países de la región donde más se invierte en este tipo de publicidad la participación no supera el diez por ciento de la inversión publicitaria total. Lo más importante es que la penetración de internet en América Latina sigue creciendo y con ella las oportunidades de la publicidad en medios interactivos.

Cuadro 3.1

La inversión en publicidad digital

*Porcentajes sobre la inversión publicitaria total*

| MEDIO | REINO UNIDO | ESTADOS UNIDOS | ESPAÑA |
|---|---|---|---|
| TV | 21,9 | 42,7 | 43,7 |
| IMPRESOS | 29,5 | 27,1 | 28,4 |
| INTERNET | 23,5 | 18,7 | 11,3 |
| OTROS | 25,1 | 11,5 | 16,6 |

Fuentes: eMarketer, PaidContent.org y MundoOfertas.com.

*BRECHA DE LA PUBLICIDAD DIGITAL*

Aunque la inversión en medios digitales crece sostenidamente, la escasa inversión publicitaria digital no se corresponde con el tiempo en que los internautas están expuestos a esos medios digitales. Esa brecha se encuentra incluso en los países donde los medios electrónicos han ganado más espacio, y es considerablemente más amplia en América Latina.

Entre las razones que explican esta brecha se han identificado la falta de información de los participantes en la industria, así como las creencias acerca de la escasa penetración de internet y del perfil de las audiencias conectadas. Se cree que la publicidad en internet es poco efectiva porque la medición más utilizada es el CTR, del inglés *clickthrough rate* o «tasa de clics», que mide los clics que genera un aviso como porcentaje de las veces que estuvo expuesto.

Al contrario, algunos estudios de mercado muestran que la publicidad en línea, como la tradicional, puede ser muy efectiva si se tienen claros sus objetivos y se usan los medios adecuados. Tendencias Digitales, por ejemplo, ha realizado estudios que muestran cómo unas campañas específicas han logrado sus metas en materia de recordación de marca o de respuesta directa. Esto indica que cualquier iniciativa que persiga cerrar la brecha pasa por la generación de información acerca del medio, su penetración, las características de sus audiencias y las experiencias exitosas.

En el caso de Venezuela, a pesar de que las cifras de inversión publicitaria en medios electrónicos han venido creciendo, siguen siendo modestas. Mientras que los consumidores dedican a internet 16 por ciento de su tiempo de contacto con los medios, la inversión publicitaria digital equivale a poco más del 5 por ciento del total. Este resultado muestra que las empresas no valoran los medios electrónicos cuando deciden en qué invertir su presupuesto publicitario.

Más allá del crecimiento que pueda lograr internet como medio publicitario, es importante comprender cómo los usuarios la perciben y comparan con los medios tradicionales. Las mediciones realizadas hasta la fecha han sido escasas y han considerado a internet como un medio homogéneo. Atributos como interactividad, globalidad y rapidez para informarse han sido asociados con este medio, mientras que la credibilidad, el entretenimiento y ciertos contenidos verticales se han asociado con medios tradicionales como TV, radio y prensa escrita.

Recientemente internet se ha venido asociando con atributos que antes eran propios de los medios tradicionales, como la identificación de ofertas y la información sobre productos y servicios. Según esto, los usuarios ven a este medio como una vía natural para buscar información y tomar sus decisiones de compra, independientemente de que la transacción propiamente dicha no se realice por medios electrónicos.

Figura 3.1
Posicionamiento de internet frente
a los medios tradicionales en Latinoamérica

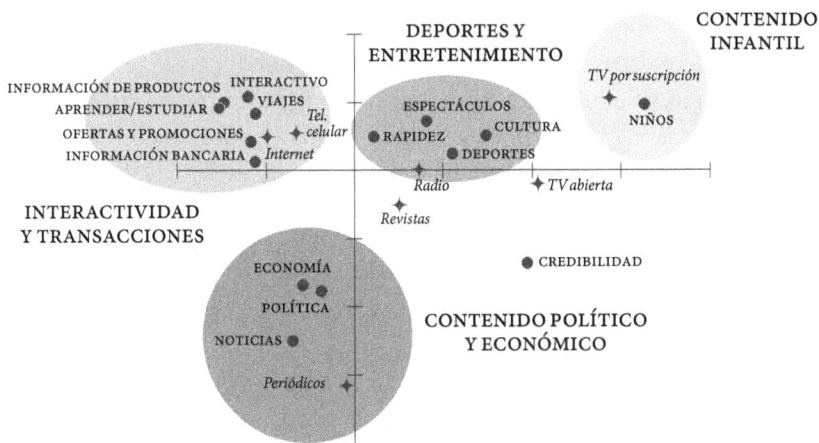

Fuentes: Tendencias Digitales (2009).

Considerar a internet como un medio homogéneo es cada vez más difícil de sostener, porque los medios electrónicos abarcan una gran diversidad de formatos con características que los hacen únicos y que los diferencian del resto, en términos de su participación en los procesos de compra de los consumidores. Por ejemplo, la naturaleza y el impacto de una publicidad en un buscador es diferente de la que puede exhibir un sitio de internet con un *banner* o una red social.

De hecho, cuando se realiza el mismo ejercicio de posicionamiento de internet frente a los medios tradicionales, pero se separan los diversos formatos electrónicos, se puede conocer hasta qué punto cada uno de ellos se diferencia del resto y cómo son percibidos por los usuarios. En este sentido, a los *banners* se los asocia con promociones y ofertas, mientras que los buscadores son, obviamente, favorecidos en materia de búsqueda de información sobre productos y servicios. Los contenidos verticales (política, finanzas y deportes, por ejemplo) se los asocia con los sitios de internet tradicionales y las redes sociales, según la edad de los usuarios.

Algunos estudios de mercado muestran cómo este posicionamiento específico de los formatos difiere según la edad de los usuarios. Las redes sociales, por ejemplo, adquieren mayor importancia como medio en los grupos de menor edad, mientras que el correo electrónico pierde su fuerte asociación con la credibilidad que le otorgan los grupos de mayor edad.

## EL SITIO EN INTERNET COMO CENTRO DE LA ESTRATEGIA DIGITAL

El sitio en internet es el espacio digital que se identifica con un nombre de dominio propio, generalmente el nombre de la empresa u organización, así como sus marcas. Es el lugar en internet donde se publica información oficial de la empresa y sus marcas, productos y servicios. Este sitio está bajo el control de la empresa: ella decide dónde alojarlo, sobre qué plataforma tecnológica desarrollarlo y qué contenidos debe tener (fondo y forma), atendiendo a las características de la audiencia objetivo y la estrategia de negocios.

En pleno auge de Twitter en Estados Unidos, algunos «gurús» de la naciente Web 2.0 proclamaban el dominio www.twitter.com/sumarca como la página de destino por excelencia, ignorando las características de la audiencia y las metas de conversión. La compra de Friendfeed[1] por parte de Facebook y la venta de Delicious[2] por Yahoo, han dejado al descubierto el riesgo de que la presen-

---

[1] FriendFeed es un agregador en tiempo real que consolida las actualizaciones de medios sociales. Fue comprado por Facebook en 2009 por 47,5 millones de dólares.

[2] Delicious es un servicio que permite administrar las etiquetas (*tags*) que los usuarios le asignan a los sitios que navegan. Es lo que se denomina un marcador social. En 2011 fue vendido a la empresa AVOS Systems, propiedad de los fundadores de YouTube.

cia web dependa exclusivamente de un sitio social o espacio digital que no está asociado al nombre de dominio propio de la marca o empresa y que puede dejar de existir en algún momento.

Algunos conceptos clave relacionados con un sitio en internet exitoso, y que conviene conocer, son los siguientes:

- DISEÑAR UNA ARQUITECTURA DE LA INFORMACIÓN INTELIGENTE. El contenido es el rey en internet, pero este contenido tiene que estar ordenado adecuadamente. La arquitectura de la información se refiere al orden que deben tener los contenidos y las funcionalidades, para que los usuarios estén satisfechos y la empresa logre sus objetivos de negocio. La arquitectura no se refiere al diseño gráfico de una página o a la tecnología vinculada a su desarrollo, sino a la combinación de organización, rotulado o etiquetado, búsqueda y sistema de navegación dentro de sitios web. En una era 2.0 es clave que estos contenidos sean, además, portátiles, para que puedan formar parte de la conversación con los usuarios.

Figura 3.2
Elementos clave de la arquitectura de la información

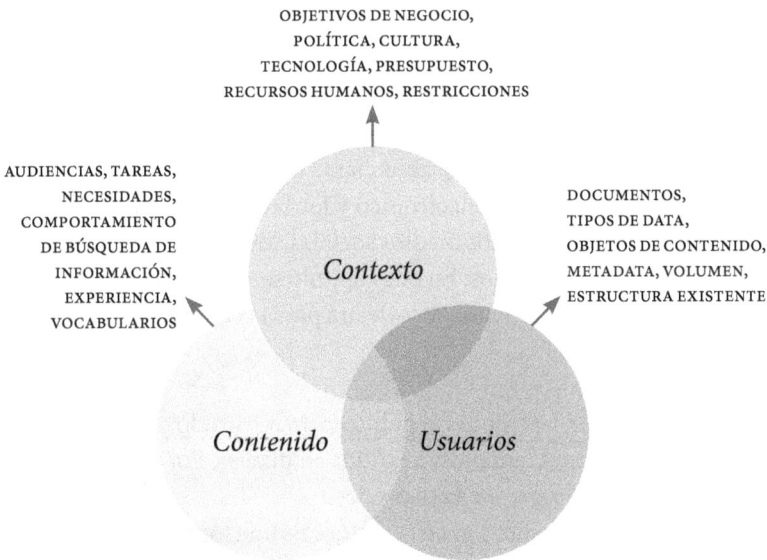

OBJETIVOS DE NEGOCIO,
POLÍTICA, CULTURA,
TECNOLOGÍA, PRESUPUESTO,
RECURSOS HUMANOS, RESTRICCIONES

AUDIENCIAS, TAREAS,
NECESIDADES,
COMPORTAMIENTO
DE BÚSQUEDA DE
INFORMACIÓN,
EXPERIENCIA,
VOCABULARIOS

DOCUMENTOS,
TIPOS DE DATA,
OBJETOS DE CONTENIDO,
METADATA, VOLUMEN,
ESTRUCTURA EXISTENTE

*Contexto*

*Contenido*    *Usuarios*

Fuentes: Morville y Rosenfeld (2006).

- LOGRAR UN BUEN POSICIONAMIENTO EN LOS BUSCADORES SEO[3]. Los sitios de internet deben hablar no solamente a sus usuarios sino a los buscadores, de forma que se posicionen ventajosamente en los resultados de las búsquedas. La mayor parte de los usuarios utilizan los buscadores para indagar sobre un producto, y también buscan allí sus empresas y marcas favoritas. No figurar en esos resultados es una ventaja que no conviene dar a la competencia. Para posicionarse adecuadamente hay que tener contenido relevante, ser referido por otros sitios de internet (hipervínculos) y garantizar que el desarrollo cumpla con una serie de condiciones.

- DEFINIR LAS METAS DE CONVERSIÓN DESEADAS. Las metas de conversión son tareas específicas que una empresa quiere obtener a lo largo del proceso, y que pueden medirse para saber si está logrando lo que desea. No están necesariamente referidas a una venta. Algunos ejemplos son registrarse en el sitio o dejar un comentario y, por supuesto, realizar un pago electrónico. Las iniciativas en medios sociales deben definir sus metas de conversión e integrarse con el sitio en internet.

- MANTENER ACTIVO EL SITIO DE INTERNET. Es importante que el entusiasmo con los medios sociales no lleve a descuidar la identidad digital de la empresa en su sitio en internet. Una cosa no sustituye a la otra, sino que ambas, sitio en internet y medios sociales, deben trabajar juntas para lograr los objetivos de negocio, y apoyarse cuando sea necesario en la publicidad tradicional e interactiva.

## FORMATOS PUBLICITARIOS «TRADICIONALES»

Existen diversas maneras de anunciarse en internet. Las más tradicionales son los *banners*, el correo electrónico y los buscadores, mientras que otros formatos emergentes como los medios sociales, los videos y los móviles vienen ganando importantes espacios. En este capítulo se revisarán los tres principales medios digitales «tradicionales», y se dejará para el capítulo siguiente a los medios sociales.

- *BANNERS*. Son un tipo de aviso publicitario mostrado en una página de internet en diferentes tamaños, medidos en píxeles. Por ejemplo, un *banner* puede medir 728x90 o 300x250 píxeles.

- MERCADEO CON CORREO ELECTRÓNICO. Es una forma de mercadeo directo que emplea el correo electrónico para el envío de mensajes comerciales a una audiencia determinada de usuarios de internet.

[3] Siglas en inglés de «optimización del motor de búsqueda».

- **Publicidad en buscadores.** Es un tipo de aviso publicitario que aparece junto a los resultados de una búsqueda y está asociado a las palabras clave que usa el usuario para buscar los temas de su interés.

La utilización de un formato determinado varía dependiendo de varios factores como la audiencia, los objetivos de negocio que se persigan y la categoría de producto o servicio que se esté anunciando. Algunos ejemplos son:

- **Uso de acuerdo con la audiencia.** Está demostrado empíricamente que los *banners* son más efectivos en los usuarios adultos que en los más jóvenes, mientras que los buscadores pueden ser una buena opción si se asocia la publicidad con las búsquedas de los usuarios.
- **Uso de acuerdo con los objetivos.** Hay formatos como el correo electrónico que apoyan las labores de fidelización de los clientes, mientras que los *banners* han demostrado ser más efectivos en incrementar el conocimiento de marca.
- **Uso de acuerdo con la categoría.** Un producto o servicio que se encuentre en una fase de madurez en el mercado debe defender su base de clientes y para ello el correo electrónico es una excelente opción, mientras que en una fase de introducción al mercado los *banners* pueden ser más indicados. En el caso del sector turismo los avisos en buscadores han demostrado ser efectivos.

Cuadro 3.2

Cada herramienta sirve para algo

| OBJETIVOS | FORMATOS MÁS EFECTIVOS* |
|---|---|
| ADQUIRIR NUEVOS CLIENTES | BUSCADORES Y *BANNERS* |
| RETENER CLIENTES (VENDER MÁS, ESTIMULAR LA RECOMPRA) | CORREO ELECTRÓNICO Y REDES SOCIALES |
| OBTENER PROSPECTOS | BUSCADORES Y REDES SOCIALES |
| ATENDER A LOS CLIENTES | CORREO ELECTRÓNICO, REDES SOCIALES Y TWITTER |
| INCREMENTAR EL CONOCIMIENTO DE LA MARCA | *BANNERS* Y REDES SOCIALES |
| INVESTIGAR EL MERCADO | REDES SOCIALES, TWITTER Y BLOGS |
| INNOVAR EN PRODUCTOS | BLOGS, WIKIS Y REDES SOCIALES |
| COMUNICACIONES INTERNAS | CORREO ELECTRÓNICO |
| RECLUTAR PERSONAL | REDES SOCIALES |
| INCREMENTAR EL TRÁFICO EN EL SITIO WEB | BUSCADORES Y TWITTER |

* Lista no exhaustiva.

## PUBLICIDAD EN *BANNERS*

Los *banners* son avisos publicitarios que se colocan en sitios web con la finalidad de anunciar un producto o una marca e incrementar su conocimiento entre los usuarios. También son usados con el objeto de promocionar productos y servicios, a la espera de una respuesta directa como la compra del producto. Es uno de los formatos más populares, no sólo por ser de los más antiguos, sino por la facilidad de entenderlo, debido a su parecido con la publicidad impresa. Realmente existen diversos nombres para los avisos de este tipo, pero *banner* se ha convertido en el nombre de la categoría.

Hoy la mayoría de los sitios de internet que tienen como modelo de negocios la publicidad y ofrecen la oportunidad de publicar un *banner* emplean tamaños estándares definidos por la Asociación de Medios Publicitarios en Internet (IAB, por sus siglas en inglés)[4], una organización norteamericana que agrupa a los principales medios electrónicos y cuya finalidad es promover el desarrollo de la industria. Estos tamaños se miden en píxeles.

Figura 3.3
Ejemplos de *banners* en un sitio de internet: SoyMaratonista.com

---

[4] La *Interactive Advertising Bureau* (IAB) es una organización empresarial fundada en 1996 que desarrolla estándares para la industria publicitaria interactiva, promueve investigaciones sobre el medio y provee apoyo legal a la industria. Está compuesta por un importante número de medios y tiene su sede principal en Nueva York. Ya la IAB posee representación en los principales países de América Latina.

El tamaño más popular es el denominado *standard leaderboard* (en España lo llaman «megabanner») que mide 728x90 píxeles y es utilizado en el veinte por ciento de los *banners* usados. Este aviso es bueno para comunicar las características del producto, su precio y beneficios. El tamaño 300x250 denominado *medium rectangle* (o «robapágina») es el segundo más utilizado (trece por ciento de los *banners*) y por su espacio disponible es común que ofrezca gráficos y movimiento para destacar las características del producto o la marca anunciados.

Figura 3.4
Tamaños de *banners* más utilizados

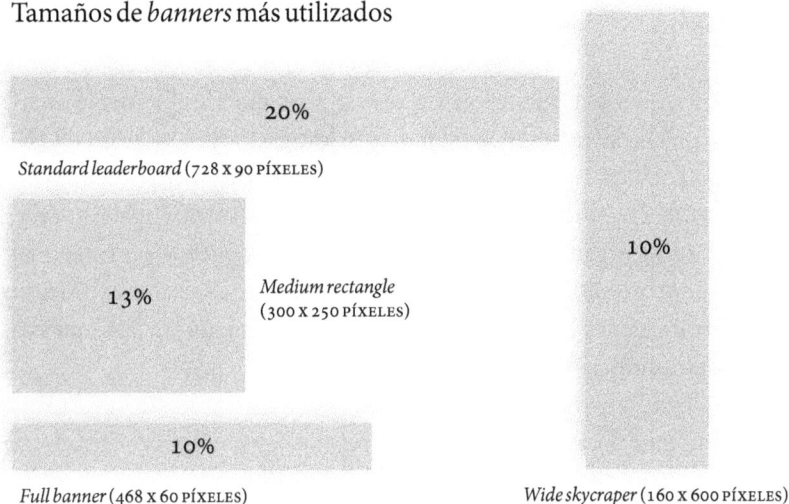

20%

*Standard leaderboard* (728 x 90 PÍXELES)

10%

13%

*Medium rectangle*
(300 X 250 PÍXELES)

10%

*Full banner* (468 x 60 PÍXELES)    *Wide skycraper* (160 x 600 PÍXELES)

Nota: los porcentajes se refieren a la proporción en que se usa cada tipo de *banner*.

Fuentes: Asociación de Medios Publicitarios en Internet (IAB): «Ad unit guidelines».
http://www.iab.net/iab_products_and_industry_services/508676/508767/Ad_Unit.

Es recomendable que cuando se realice una campaña publicitaria con este tipo de avisos se establezcan los tamaños que se utilizarán, tomando en cuenta los estándares más comunes, de forma de usar los mismos avisos en diferentes sitios de internet y ahorrar dinero en su desarrollo.

La forma más común de contratar un aviso tipo *banner* es por el número de impresiones, es decir, el número de veces que el aviso se despliega cuando se carga una página de internet en la pantalla de un computador o dispositivo móvil. Los precios se establecen por cada mil impresiones (costo por mil o CPM). Muchos sitios web también cobran por unidad de tiempo (por semana o mes, por ejemplo) y no por impresiones, lo cual facilita la comprensión por parte de las empresas que se inician. También se han hecho comunes los esquemas tarifarios basados en el costo por acción (costo por clic o CPC), de acuerdo con los cuales el anunciante paga por el número de clics que reciba el aviso.

A la hora de medir la efectividad de un *banner* se recurre al CTR o tasa de clics. Esta medida la ofrecen los medios electrónicos, pero no siempre es la mejor forma de medir la efectividad de un *banner*, debido a que muchas veces los avisos no pretenden buscar una acción directa como el clic sino simplemente hacer recordar la marca. En estos casos se recomienda que el aviso sea evaluado utilizando las técnicas tradicionales de la investigación de mercados.

Las siguientes son algunas recomendaciones para desarrollar avisos que capten la atención, comuniquen y motiven a la audiencia:

- USAR IMÁGENES PODEROSAS. Las fotografías grandes llaman la atención. Enfatizar el contraste entre el fondo y la fotografía da sensación de 3D. Los colores llamativos, como rojo, azul, dorado y verde, causan impacto.
- MANTENER LA SENCILLEZ. Los mejores anuncios son los más sencillos. Los anuncios recargados no llaman la atención. Tampoco se recomiendan los anuncios con animaciones en *flash*. No se debe poner a competir los textos con las imágenes en movimiento, pues generalmente las imágenes captarán la atención.
- ENTENDER Y REFORZAR LA FORTALEZA ÚNICA DE CADA ANUNCIO. Cada formato atiende necesidades diferentes, así que hay que emplearlos adecuadamente, según el caso.

### EMAIL MARKETING

La popularidad del correo electrónico como instrumento de mercadeo radica en su amplio uso: más del noventa por ciento de los usuarios de internet tienen al menos una cuenta de correo electrónico. Otras ventajas adicionales, entre las muchas que tiene, son las siguientes:

- La mayor parte de los usuarios revisa con mucha frecuencia sus mensajes de correo electrónico.
- Los correos electrónicos permiten colocar mucha más información que en un *banner*.
- Es fácil de ejecutar y sus costos son bajos en comparación con otros medios.
- Es muy interactivo y permite que los usuarios compartan el contenido con sus relacionados, lo que le otorga un importante potencial viral.

- Se puede saber su efectividad, gracias a medidas como el porcentaje de correos recibidos, el porcentaje de correos abiertos (*open rate*) o reenviados, o la tasa de retiro de la suscripción, entre otras.

El mercadeo mediante correo electrónico se basa no sólo en el envío de mensajes comerciales o avisos publicitarios, sino de otras formas de comunicación electrónicas como boletines periódicos, mensajes transaccionales enviados a los clientes cuando realizan una compra u operación electrónica, encuestas y respuestas a mensajes de contacto recibidos de potenciales clientes o visitantes del sitio web. Las principales aplicaciones del mercadeo mediante correo electrónico son la fidelización de los clientes y la búsqueda de respuestas directas por parte de los usuarios, como por ejemplo el registro en un sitio de internet, la compra de un producto, etc. También han demostrado ser útiles en el incremento del conocimiento de marca.

Uno de los principales enemigos del mercadeo por correo electrónico ha sido el *spam* o los mensajes electrónicos no deseados, que molestan a los usuarios y los hacen menos propensos a recibir mensajes legítimos. Como respuesta, las plataformas de correo y los proveedores de servicios de acceso a internet han controlado mucho más los mensajes que sus usuarios reciben. Por fortuna, los sistemas de control *antispam* son cada vez más efectivos.

Para anunciarse mediante mensajes electrónicos se debe crear una lista de direcciones electrónicas que permita a una empresa comunicarse periódicamente con sus audiencias, o contratar publicidad en boletines electrónicos de terceros. En este caso, la contratación generalmente se realiza de acuerdo con el número de usuarios que reciben el mensaje. También se han hecho comunes los esquemas tarifarios basados en el costo por acción (costo por clic o CPC), en el que el anunciante paga por el número de clics que reciba el aviso colocado en el mensaje electrónico.

Un mercadeo exitoso basado en el correo electrónico está compuesto de tres elementos clave: una base de datos de calidad, contenido que agregue valor al usuario y un eficiente mecanismo de envíos.

Figura 3.5
Tres componentes clave de un mercadeo exitoso con correo electrónico

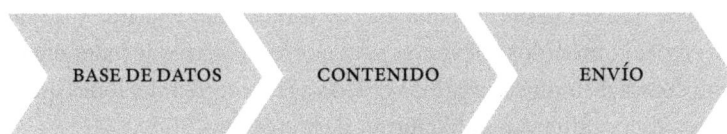

BASE DE DATOS    CONTENIDO    ENVÍO

El primer componente para el mercadeo con correo electrónico es una lista de direcciones electrónicas o base de datos. Muchas empresas compran bases de datos a terceros y basan su mercadeo en la modalidad *Opt-Out*, en la que un usuario es agregado, sin su consentimiento, a una lista de direcciones electrónicas, desde la cual se le envían mensajes, a menos que el usuario pida ser removido de la lista.

No es recomendable utilizar la modalidad *Opt-Out*. El mercadeo basado en correo electrónico es una forma de relacionamiento con los clientes actuales y potenciales, y debe construirse orgánicamente con una modalidad *Opt-In*, en la que los usuarios se registran voluntariamente para recibir mensajes comerciales sobre tópicos de su interés.

Otras recomendaciones clave relacionadas con la lista de direcciones electrónicas son las siguientes:

- PROPUESTA DE VALOR. Ofrecer algo que sea de interés para los usuarios a cambio de que se suscriban a la lista.
- LA PRIVACIDAD ES LO PRIMERO. Hay que garantizar la privacidad de los usuarios. Una frase como «Respetamos su dirección electrónica y ella no será cedida o vendida a terceros» puede aumentar mucho la conversión.
- CERO ALCABALAS. La planilla de registro no sólo debe verse bien, sino que debe ser lo más sencilla posible y no debe pedir información innecesaria o sensible para los usuarios. Se trata de construir una relación; ya habrá oportunidad de obtener más información para segmentar a los clientes.
- APOYARSE EN OTROS MEDIOS. Debe invitarse a los usuarios a suscribirse a la lista en los puntos de venta, empleando la fuerza de ventas de la empresa o los medios tradicionales.
- MÁS NO SIEMPRE ES MEJOR. Debe limpiarse periódicamente la base de datos de forma que la lista incluya aquellos usuarios que realmente desean relacionarse con la empresa o marca.

*CONTENIDO*

Luego de que se cuente con una lista de direcciones legítima y de calidad, se deben enviar contenidos relevantes para que los usuarios se mantengan en la lista y esta crezca de manera orgánica gracias a las recomendaciones que hagan los usuarios y a los esfuerzos publicitarios de la empresa.

Algunas recomendaciones relacionadas con el contenido de los mensajes electrónicos son las siguientes:

- VALOR PARA LOS USUARIOS. El contenido debe ser de interés para los usuarios.
- DIRECTO AL GRANO. Los contenidos deben ser concisos y tener claro qué se busca con el mensaje: visitar el sitio en internet, recomendar el contenido a otros, comprar un producto, etc.
- LÍNEA DE ASUNTO LLAMATIVA. Una descripción del asunto inapropiada puede disminuir considerablemente la tasa de apertura de los mensajes electrónicos. No obstante, debe tenerse cuidado de no defraudar las expectativas ni enviar mensajes engañosos.
- «PALABRAS CLAVE» EN LA LÍNEA DE ASUNTO. El correo electrónico debe formar parte de la estrategia de posicionamiento en los buscadores. Estas palabras clave deben repetirse en el primer párrafo y en el cuerpo del mensaje. En el apartado siguiente se aborda este tema con mayor detalle.
- MENSAJES AMIGABLES. Deben usarse viñetas para facilitar la lectura de los contenidos y emplearse un lenguaje adecuado a la audiencia.

*ENVÍO*

Finalmente, el envío de los mensajes electrónicos debe ser efectivo para evitar que por confusión caigan en los filtros *antispam*. A continuación se ofrecen algunas recomendaciones relacionadas con el envío:

- CONVERTIRSE EN UN REMITENTE PREFERIDO. Debe pedirse a los usuarios que incluyan a la dirección electrónica de la empresa en sus libretas de direcciones seguras, para evitar que los mensajes sean confundidos con *spam*. Para esto debe mantenerse una identificación clara del remitente y usar siempre la misma dirección.
- PERSONALIZAR LAS COMUNICACIONES. Evítese enviar mensajes genéricos. Más bien los mensajes electrónicos deben personalizarse con el nombre y el apellido del usuario.
- CONTRATAR A LOS EXPERTOS. Es recomendable contratar empresas profesionales de envío de mensajes electrónicos; ellas facilitarán la operación y garantizarán que los mensajes lleguen a los destinatarios finales.
- ANALIZAR LAS MÉTRICAS. Son útiles los servicios de seguimiento de mensajes enviados que ofrecen muchos sistemas profesionales de envíos. Con

ellos se puede saber el número de mensajes rebotados, entregados, abiertos, reenviados, etc. También es recomendable integrar los mensajes del correo electrónico en Google Analytics.

- CORREO LEGAL. Debe cumplirse la legislación vigente y las mejores prácticas recomendadas por los gremios y las asociaciones relacionados con los negocios electrónicos, como la IAB o la Cámara de Comercio Electrónico.
- DEFINIR PÁGINAS DE DESTINO. Los envíos deben llevar visitas a la página de inicio de la empresa o a cualquier otra página destino en el sitio web de la empresa, bien sea las de registro, descarga de contenidos, más información, entre otras. También es recomendable que, cuando se trata de boletines, estén publicados en la página web el mayor tiempo posible, de manera que se mantengan «vivos».
- DEJAR LA SALIDA ABIERTA. Cada mensaje electrónico debe incluir una oportunidad para que el receptor se retire de la lista de envíos y, mejor aún, para que edite sus datos.

## PUBLICIDAD EN BUSCADORES

La publicidad en buscadores se presenta en forma de avisos de texto que aparecen en el resultado de las búsquedas de los usuarios. Su principal fortaleza es que el aviso se muestra a los usuarios que buscaron una palabra clave o término específico, lo que hace presumir que está interesado en él.

Los avisos en buscadores son usados principalmente para llevar tráfico al sitio en internet, ya sea para vender un producto o lograr una acción específica como el registro en el sitio. Los avisos asociados a las búsquedas más populares son los de Google, que posee la mayor participación de mercado. Estos avisos se denominan *adwords*, marca registrada de este buscador. Se destacan en la parte superior y derecha de los resultados de la búsqueda, y Google indica que se trata de enlaces patrocinados o avisos.

La contratación de los avisos en los buscadores se realiza mediante el costo por clic o CPC. La contratación del aviso se realiza en la plataforma de los principales buscadores y se puede establecer un límite máximo por día a lo que se desea gastar.

La tasa de clics o CTR es, como para los *banners*, una manera de medir la efectividad de este tipo de avisos. Pero, a diferencia de los *banners*, que son usados principalmente para hacer recordar la marca, el CTR sí es una medida adecuada de la efectividad de un aviso en buscadores, porque indica cuántas personas hicieron clic al aviso como proporción del total de usuarios al que estuvo expuesto (impresiones).

# Figura 3.6
## Ejemplo de avisos publicitarios en buscadores: hoteles en Madrid

**Google** — hoteles en madrid

**Búsqueda**   Aproximadamente 69.000.000 resultados (0,28 segundos)

Todo
Imágenes
Videos
Noticias
Más

Caracas
Cambiar ubicación

La Web
Páginas en español
Páginas de Venezuela
Páginas extranjeras
   traducidas

Cualquier fecha
Última hora
Últimas 24 horas
Últimos 2 días
Última semana
Último mes
Último año
Intervalo personalizado...

Más herramientas

Anuncios · ¿Por qué estos anuncios?

**750 Hoteles en Madrid - ¡Con ofertas especiales**
www.booking.com/Madrid-Hoteles
Reservar un **Hotel en Madrid**

   Más Populares          Hoteles de Lujo
   Hoteles Económicos     Reservados Recientemente
   Mejor Puntuados        Mejor Precio Garantizado

**Hoteles en Madrid -75% | venere.com**
www.venere.com/Hoteles/Madrid
350 **Hoteles en Madrid** desde 26€. ¡Reserva ahora y Paga al salir!
Gran Vía - Sol - Salamanca - Atocha Renfe

**Hoteles Meliá Madrid - 21 Hoteles en Madrid**, España.
www.solmelia.com
Mejor Precio Online Garantizado!
Reservas - Ofertas - Destinos - Llámanos

Direcciones de **hoteles** próximas a **Madrid, España**

Vincci Capitol                    Ⓐ  Calle Gran Vía, 41
www.vinccihoteles.com             Madrid
★★★★☆ 11 comentarios de Google    915 21 83 91

De Las Letras                     Ⓑ  C/ Gran Vía, 11
delasletras.thelastrooms.com      Madrid
★★★★☆ 10 comentarios de Google    915 23 79 80

AC Palacio del Retiro, Autograph Collection  Ⓒ  Alfonso XII , 14
www.espanol.marriott.com          Madrid
★★★★☆ 21 comentarios de Google    915 23 74 60

Nota: los enlaces patrocinados o avisos están señalados por el recuadro gris (más oscuro).

*ELEGIR LAS PALABRAS CLAVE*

La tarea más importante a la hora de desarrollar una campaña publicitaria en buscadores es escoger las palabras clave con las cuales los usuarios buscan los servicios o productos de una categoría y que se quiere que aparezcan en un aviso. En esta tarea, lo más importante es conocer la audiencia, cómo interactúa con los productos y servicios de una categoría, y cómo los busca en internet. Adicionalmente, hay algunas herramientas que pueden ayudar a identificar las palabras clave mediante términos o frases relacionadas, así como sitios de internet de referencia, como https://adwords.google.com/select/KeywordToolExternal.

Al colocar la frase «Hoteles en Madrid», por ejemplo, la herramienta de Google para encontrar palabras clave arroja una lista de palabras. Para escoger palabras clave es importante construir una lista lo más exhaustiva posible, porque de lo que se trata es de que los usuarios estén expuestos a un aviso cuando buscan servicios o productos relacionados con el que se ofrece. Los buscadores no cobran por el número de palabras clave sino por los clics que reciba el aviso. Unas palabras clave inapropiadas serán un desperdicio, pues los avisos se mostrarán a personas que probablemente no estén interesadas en el producto o servicio similar al que se ofrece.

F i g u r a  3 . 7
Ejemplo de identificación de palabras clave: hoteles en Madrid

| Palabra clave | Competencia | Búsquedas globales mensuales | Búsquedas locales mensuales |
|---|---|---|---|
| hoteles en madrid centro | Alta | 49.500 | 49.500 |
| hoteles madrid | Alta | 1.000.000 | 673.000 |
| ofertas de hoteles en madrid | Alta | 18.100 | 18.100 |
| ofertas hoteles madrid | Alta | 18.100 | 18.100 |
| hoteles con encanto en madrid | Alta | 9.900 | 8.100 |
| oferta hoteles madrid | Alta | 14.800 | 14.800 |
| hotel asturias madrid | Alta | 9.900 | 5.400 |
| hotel regente madrid | Alta | 6.600 | 1.900 |
| hoteles madrid baratos | Alta | 49.500 | 49.500 |
| hoteles madrid gran via | Alta | 22.200 | 14.800 |
| hotel regina madrid | Alta | 9.900 | 2.900 |
| hotel emperador madrid | Alta | 6.600 | 2.900 |
| hotel madrid centro | Alta | 60.500 | 49.500 |
| oferta hotel madrid | Alta | 18.100 | 18.100 |
| hotel convención madrid | Alta | 14.800 | 9.900 |
| hotel carlton madrid | Alta | 2.900 | 1.900 |
| hoteles de madrid | Alta | 1.000.000 | 673.000 |
| hotel madrid gran via | Alta | 27.100 | 18.100 |
| hotel urban madrid | Medio | 9.900 | 4.400 |
| hotel madrid barato | Alta | 49.500 | 49.500 |
| hoteles madrid centro baratos | Alta | 8.100 | 8.100 |

*Ideas para palabras clave (100)*

Fuente: https://adwords.google.com/select/KeywordToolExternal

También pueden usarse herramientas como «Estadísticas de búsqueda» de Google, que permite comparar patrones de volumen de búsqueda por áreas geográficas, categorías, intervalos de tiempo y otras propiedades. Esto permite saber cuán importante puede ser una palabra clave para un negocio o mercado. «Estadísticas de búsqueda» está disponible en http://www.google.com/insights/search.

## Figura 3.8
Ejemplo de estadísticas de búsqueda relacionadas con: hoteles en Madrid

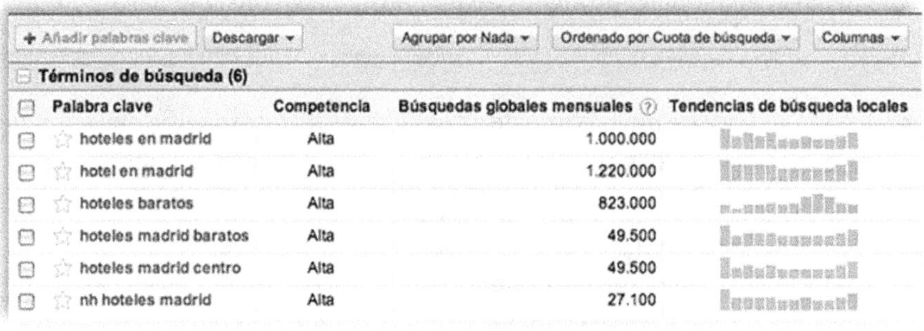

| | Palabra clave | Competencia | Búsquedas globales mensuales ⓘ | Tendencias de búsqueda locales |
|---|---|---|---|---|
| ☆ | hoteles en madrid | Alta | 1.000.000 | |
| ☆ | hotel en madrid | Alta | 1.220.000 | |
| ☆ | hoteles baratos | Alta | 823.000 | |
| ☆ | hoteles madrid baratos | Alta | 49.500 | |
| ☆ | hoteles madrid centro | Alta | 49.500 | |
| ☆ | nh hoteles madrid | Alta | 27.100 | |

*(Barra superior: + Añadir palabras clave | Descargar ▾ | Agrupar por Nada ▾ | Ordenado por Cuota de búsqueda ▾ | Columnas ▾ — Términos de búsqueda (6))*

Fuente: https://adwords.google.com/select/KeywordToolExternal

Luego de construir una lista exhaustiva de palabras clave, se puede definir mejor la orientación de los anuncios en las páginas de búsqueda de Google mediante unos signos (corchetes, comillas, etc.) que indican algunos criterios de concordancia sobre cuándo debe aparecer el aviso. Existen cuatro tipos de concordancias de palabra clave que deberán indicarse en la plataforma de Google Adwords al momento de crear un aviso: amplia, de frase, exacta y negativa. Finalmente, es recomendable que se incluyan en la lista de palabras clave variaciones en plural y sinónimos. No es necesario indicar mayúsculas ni artículos.

## Cuadro 3.3
Tipos de concordancia de palabras clave

| | |
|---|---|
| AMPLIA | PALABRA CLAVE (SIN SIGNOS DE PUNTUACIÓN)<br>Si el anuncio contienen la palabra clave «Hoteles en Madrid», el anuncio podrá aparecer cuando la búsqueda incluya una o ambas palabras («Hoteles» y «Madrid»). Ejemplos: *Hoteles en Madrid, Restaurantes en Madrid, Hoteles en Sevilla.* |
| DE FRASE | «PALABRA CLAVE»<br>Permite que el anuncio se muestre en los resultados de búsqueda que coincidan con la frase exacta. También puede aparecer en búsquedas que contengan otros términos, siempre que se incluya la frase exacta. «Hoteles en Madrid» (con comillas) arrojará los siguientes resultados: *Hoteles en Madrid cerca del centro, mejores hoteles en Madrid.* |
| EXACTA | [PALABRA CLAVE]<br>Permite que el anuncio se muestre en los resultados de búsqueda que coincidan con la frase exacta de forma exclusiva. Si se busca [Hoteles en Madrid] aparecerá *Hoteles en Madrid.* |
| NEGATIVA | −PALABRA CLAVE]<br>Colocar un guión al principio de la palabra clave garantiza que el anuncio no se muestre en los resultados de búsquedas que incluyan el término en cuestión. Ejemplo: *−Cinco estrellas* no mostrará el aviso cuando el usuario incluya en su búsqueda un hotel cinco estrellas. |

Fuente: Google.com, «Ayuda de Adwords»: http://adwords.google.com/support/aw/bin/answer.py?hl=es-419&hlrm=es&answer=6100.

Un aviso en Google, producto de una búsqueda, consta de las siguientes partes:

- ENCABEZADO: de un máximo de 25 caracteres, se recomienda que contenga las palabras clave usadas por los usuarios al momento de realizar su búsqueda. Por ejemplo, para el sitio «Agoda.es», se usaron las palabras clave «Hotel en Madrid», que encabezan la lista de términos más buscados.
- LÍNEA 1: de un máximo de 35 caracteres, se sugiere incluir en ella los beneficios del producto o servicio que se anuncia. Por ejemplo: «Descuento en los mejores hoteles».
- LÍNEA 2: de un máximo de 35 caracteres, se sugiere que incluya una llamada a la acción o aquello que se desea que hagan los usuarios: «Reserva online y ahorra hasta 75%», por ejemplo.
- URL: indica la dirección de internet a la que se dirigen los clic sobre el aviso (www.agoda.es/Madrid).

Es común ver avisos en buscadores que no siguen estas recomendaciones.

Figura 3.9
Ejemplo de aviso publicitario en buscadores

**Hotel en Madrid**
Descuentos en los mejores **hoteles**
Reserva online y ahorra hasta 75%
www.agoda.es/Madrid

▶▶▶ **Los banners publicitarios sí son efectivos**

Es común pensar que cada vez que emerge una innovación ella viene a ocupar el lugar de lo que antes satisfacía una necesidad. Así, por ejemplo, cuando emergió la televisión, muchos presagiaron el fin de la radio. Sin embargo, aunque algunas innovaciones llegan para ocupar todo el espacio, en la mayoría de los casos coexisten con los productos anteriores y, sí, por supuesto, se dan ciertos reacomodos en el mercado. En el caso de la publicidad en internet, el abrumador crecimiento de las redes sociales ha hecho deslucir formatos publicitarios como los *banners*, de la misma forma que la publicidad en buscadores, asociada a palabras clave, hizo lo propio en su momento.

¿Son realmente efectivos los *banners* para aumentar la recordación de marca? Para responder esta pregunta es necesario realizar investigaciones tradicionales de mercado para demostrar si este tipo de publicidad influye en variables como la recordación espontánea de marca, las asociaciones favorables hacia la marca y la intención de compra de los servicios y productos anunciados. Un estudio realizado por Mike Tchalidy con Tendencias Digitales (2010) evaluó un aviso publicitario tipo *banner* colocado en un sitio noticioso de gran tráfico, con la finalidad de anunciar un servicio de TV paga. El objetivo de la medición fue medir el impacto real que tuvo el aviso en los usuarios que estuvieron expuestos a él —denominado «grupo objetivo»—, en comparación con las personas que no vieron el *banner*, por no haber visitado el medio donde se pautó —«grupo control»—. Se realizaron 400 entrevistas (200 en cada grupo).

El resultado general del estudio fue que el aviso impulsó la recordación de la marca, así como la intención de adquisición del servicio, en aquellos usuarios que no lo disfrutaban para el momento de la medición. Otros hallazgos fueron los siguientes:

1   La medición permitió probar la viabilidad del método para medir la efectividad de un *banner*: contrastar una muestra de usuarios expuestos a la publicidad, contra un grupo control de usuarios que no vieron el aviso.

2   El aviso tuvo un significativo impacto en la recordación de marca: el grupo objetivo mencionó la marca 97 por ciento más veces en la primera mención (*top of mind*) que el grupo que no estuvo expuesto al aviso, y 20 por ciento más para el total de menciones (*total recall*).

3   Como la marca era ampliamente conocida en el mercado, el aviso no incrementó el conocimiento ayudado de la marca (*recognition*), que se ubica cerca del cien por ciento.

4   A pesar de que el aviso mejoró la recordación de la marca y la publicidad, no tuvo efecto en la intención de recompra y la disposición a recomendar la marca. Sin embargo, sí aumentó notablemente, en 81 por ciento, la intención de compra de los no usuarios.

5 En términos generales, el aviso es percibido de manera similar entre ambos grupos, lo cual valida los resultados anteriores, al demostrar que ningún grupo tuvo una preferencia marcada por el aviso.

A pesar de que los resultados de esta investigación no son universales, coinciden con la percepción de los anunciantes entrevistados, que han empleado los *banners* para incrementar la recordación de marca. Esta investigación no considera otras variables que podrían influir en la mejora de estos resultados, como las que intervienen en la producción del aviso publicitario (colores, animaciones, *copy*, etc.) y su publicación (tamaño, ubicación en el sitio web, etc.).

Figura 3.10
Impacto del *banner* en la recordación espontánea de un servicio
*Primera mención o* top of mind; *porcentajes*

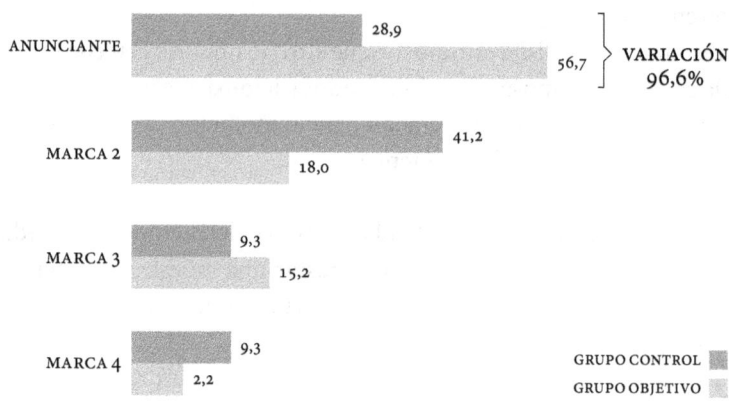

Fuente: Tchalidy y Tendencias Digitales (2010).

## RESUMEN DEL CAPÍTULO

1 PUBLICIDAD ONLINE EN CRECIMIENTO. La publicidad en internet es una realidad en muchos mercados, en los que su participación en la inversión publicitaria total es importante. En América Latina, aun cuando la brecha publicitaria (la diferencia entre el tiempo de exposición de los usuarios a

internet y la inversión publicitaria en este medio) es grande, la inversión muestra una importante tendencia al crecimiento.

2  Posicionamiento de internet como medio. Aparte de su asociación tradicional con interactividad y globalidad, internet se posiciona con atributos que antes eran propios de los medios tradicionales, como la identificación de ofertas y la información sobre productos y servicios. Según esto, los usuarios de internet ven a este medio como una vía natural para buscar información y tomar sus decisiones de compra, independientemente de que la transacción propiamente dicha no se realice en los medios electrónicos.

3  Los nativos digitales. El comportamiento de los nativos digitales difiere considerablemente de los inmigrantes digitales —que incluyen tanto a la generación X (con edades entre 30 y 45 años) y los *baby boomers* (mayores de 45 años)—. Lo común entre nativos e inmigrantes es que han incorporado el uso de las tecnologías de la información durante su juventud o adultez. Las empresas deben analizar el comportamiento y las necesidades de los nativos a los efectos de diseñar estrategias efectivas.

4  El sitio en internet es clave y debe ser el centro de la estrategia digital. En su sitio virtual la empresa publica información oficial sobre ella y sus marcas, productos y servicios. El sitio web debe conciliar los objetivos de negocio con las necesidades de la audiencia objetivo.

5  El arsenal de los medios digitales. La publicidad en línea ofrece una importante diversidad de formatos y recursos que exigen un análisis diferenciado; hablar de «publicidad en internet», como un todo, es impreciso. Los formatos más tradicionales son los *banners*, el correo electrónico y la publicidad en los buscadores. La utilización de un formato determinado depende de varios factores como la audiencia, los objetivos de negocio que se persigan y la categoría de producto o servicio que se anuncie.

6  Cada herramienta sirve para algo. Los *banners* son avisos publicitarios que se colocan en sitios web con la finalidad de anunciar un producto o marca e incrementar su conocimiento entre los usuarios. También son usados para promocionar productos y servicios, a la espera de una respuesta directa, como la compra. Por su parte, los principales objetivos del mercadeo con correo electrónico son la fidelización de los clientes y la búsqueda de respuestas directas por parte de los usuarios, como el registro en un sitio de internet, la compra de un producto, entre otras acciones. El correo electrónico ha demostrado también ser útil para incrementar el conocimiento

de marca. Los avisos en los buscadores son usados principalmente para llevar tráfico al sitio de internet y vender un producto, o lograr otra respuesta directa. Es una excelente forma de conseguir nuevos clientes.

## TRES PRÁCTICAS CLAVE

1. Diseñar un sitio de internet para la empresa que compagine los objetivos del negocio y satisfaga las expectativas de la audiencia. Deben tomarse en cuenta los aspectos necesarios para que un sitio web se posicione en los buscadores.

2. Definir claramente las metas de conversión para el sitio en internet y llevar un seguimiento de su cumplimiento a lo largo del tiempo conforme a sus iniciativas de mercadeo y publicidad.

3. Definir el tipo de publicidad en internet que la empresa necesita de acuerdo con sus objetivos de negocio, tomando en cuenta los diferentes formatos disponibles.

## GLOSARIO

BANNER: tipo de aviso publicitario mostrado en una página de internet en diferentes tamaños, medidos en píxeles.

BRECHA DE LA PUBLICIDAD DIGITAL: diferencia entre el tiempo que los usuarios están expuestos a internet (como proporción de su tiempo de exposición mediática) y la participación de la publicidad digital en la inversión publicitaria total.

CPC: costo por clic recibido en un aviso publicitario.

CPM: costo por cada mil impresiones de un aviso en internet.

CTR (TASA DE CLICS): porcentaje de clics que recibe un aviso publicitario en internet entre el total de impresiones o veces en que se despliega el aviso.

EMAIL MARKETING: forma de mercadeo directo que emplea el correo electrónico para el envío de mensajes comerciales a una audiencia determinada de usuarios de internet.

GOOGLE ADWORDS: servicio de avisos publicitarios de Google asociados a los resultados de las búsquedas.

PALABRAS CLAVE (KEYWORDS): términos o frases utilizadas por los usuarios cuando realizan una búsqueda en internet.

SPAM: mensajes comerciales no solicitados, recibidos generalmente en el correo electrónico.

# Medios sociales

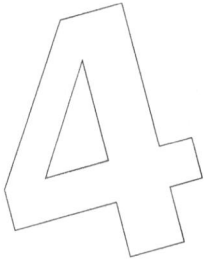

## DEFINICIÓN Y TIPOS DE MEDIOS SOCIALES

Los medios sociales —que innegablemente han ganado un gran protagonismo en la Web— son espacios en los que la gente puede crear, publicar y compartir contenidos con otros usuarios, gracias al desarrollo de aplicaciones que hicieron esta tarea más fácil, así como al aumento del ancho de banda que facilitó la publicación de imágenes y videos.

En los medios sociales están desarrollándose conversaciones en comunidades con intereses comunes, algunas de ellas formadas en los propios medios sociales y otras que ya existían en el mundo real, a las que el medio electrónico ha provisto de un espacio de encuentro con costos de comunicación reducidos y facilidades para que personas en localidades dispersas puedan entrar en contacto.

La importancia que vienen ganando estos medios se puede medir de varias formas:

- MAYOR ADOPCIÓN. Una proporción cada vez más grande de usuarios de internet utilizan los medios sociales. Ya las redes sociales y de videos destacan entre los usos más comunes de internet, acompañando a usos tradicionales como el correo electrónico, la mensajería instantánea y la búsqueda de información.

- MAYOR EXPOSICIÓN. Los medios sociales figuran entre los sitios más visitados por los internautas. Esta participación aumenta si se considera el tiempo de conexión, porque por lo regular son sitios de internet en los que la gente tiende a pasar cada vez más tiempo.
- MAYOR INFLUENCIA EN LA COMPRA. Las opiniones que los usuarios publican en la red acerca de productos y servicios son cada vez más importantes en el proceso de decisión de compra, especialmente entre los usuarios más jóvenes, que le otorgan gran credibilidad a las opiniones de sus pares. Este es sin duda uno de los principales atractivos de los medios sociales.

En resumen, en estos medios los usuarios pasan cada vez más tiempo y en su seno ocurren parte de los procesos relacionados con la decisión de compra de productos y servicios.

Existen diversos tipos de medios sociales. Las redes sociales son las representantes más emblemáticas, pero no son las únicas. Hay que incluir en esta categoría a los sitios de *microblogging* como Twitter, sitios para compartir fotos y videos, agregadores de noticias, marcadores sociales y sitios para compartir documentos. La empresa debe analizar, de acuerdo con sus objetivos de negocio y características de la audiencia y del producto, qué tipo de medio social se ajusta más a sus necesidades y, conforme a esto, trazar una estrategia.

Figura 4.1
Principales tipos de medios sociales

| BLOGS | Blogger  WORDPRESS |
| SITIOS DE VIDEOS/FOTOS | YouTube  flickr |
| REDES SOCIALES | facebook  hi5  myspace  Linked |
| MICROBLOGGING | twitter  jaiku  tumblr. |
| MARCADORES SOCIALES | del.icio.us  StumbleUpon Discover your web |
| AGREGADORES SOCIALES | digg  reddit  mixx your blend of the web |

## SEGMENTOS DE USUARIOS EN LA WEB 2.0

A partir de un estudio de mercado realizado por Tendencias Digitales (2009) en más de 30 mil usuarios latinoamericanos en 17 países, se puede segmentar la Web 2.0, con el objetivo de identificar tanto las variables que determinan las diferencias entre los usuarios como la formación de grupos o segmentos de usuarios.

Así, la Web 2.0 puede dividirse en cuatro grupos, dependiendo de la creación de contenidos y de la intensidad de uso —medida en horas de conexión— que le den los usuarios a estos sitios de segunda generación: mayoría socializadora, entusiastas, creadores y corporativos:

1 MAYORÍA SOCIALIZADORA (46 POR CIENTO DEL TOTAL): segmento mayoritario formado por usuarios que socializan mediante estos medios, gracias al intercambio de contenidos. Uso poco intensivo de medios sociales. Predominio de hombres y de las edades entre los 26 y 30 años. Es el segmento con los usuarios con menor grado de instrucción; 49 por ciento se unen a grupos de pasatiempos, 49 comparten videos, 44 escriben mensajes y 43 comentan actualizaciones de amigos.

2 ENTUSIASTAS (22 POR CIENTO): usuarios que usan con bastante frecuencia e intensidad los medios sociales; consumen gran cantidad de contenidos y los comparten entre sus amigos. Predominio de mujeres y edades entre los 26 y 30 años. La mayoría son universitarios; 82 por ciento escriben mensajes, 71 se unen a grupos de pasatiempos y 54 se enteran de sus amigos. Este grupo está creciendo a costa del primer segmento socializador.

3 CREADORES (20 POR CIENTO): segmento caracterizado por usuarios intensivos de medios sociales que generan contenidos en texto, imágenes y videos. Predominio de hombres y edades entre los 21 y 25 años; 64 por ciento son universitarios, 83 por ciento publican fotos, 70 actualizan su estado y 56 publican videos.

4 CORPORATIVOS (12 POR CIENTO): segmento formado por usuarios que buscan obtener ventajas de los medios sociales para posicionarse mejor como profesionales y empresas. Intensidad media-baja del uso de los medios sociales. Predominio masculino, con edad promedio de 36 años; 23 por ciento declaran tener postgrado. 84 por ciento se promueven como profesionales, 55 se unen a grupos de marcas, 44 promueven su negocio y 23 crean grupos.

Figura 4.2

Segmentos de usuarios en la Web 2.0 latinoamericana

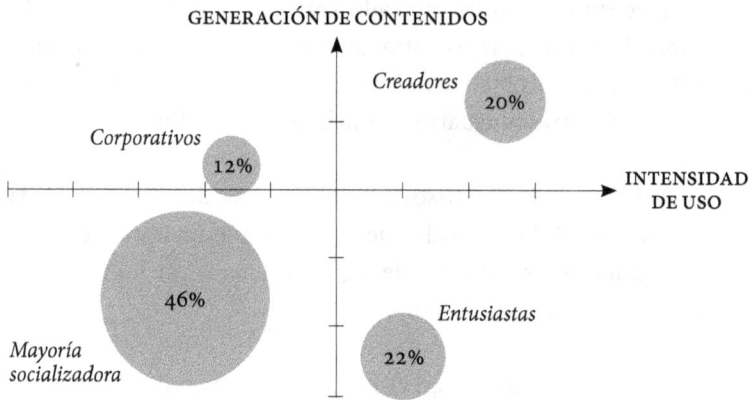

Fuente: Tendencias Digitales (2009).

## IMPLICACIONES DE LOS MEDIOS SOCIALES PARA LAS EMPRESAS

Los medios sociales están teniendo un gran impacto en las organizaciones y en la forma como mercadean sus productos y servicios. A continuación se muestran los principales impactos:

- AUDIENCIAS MÁS INFORMADAS Y CON POSIBILIDADES DE ARTICULARSE. Una de las primeras implicaciones que tiene el auge de los medios sociales para las empresas es la mayor articulación de sus audiencias. En el modelo tradicional de *broadcasting* las audiencias reciben el mensaje y tienen pocas posibilidades de participar y, mucho menos, de articularse alrededor de una causa. Antes del desarrollo de internet, los consumidores tenían acceso a menos información y las asimetrías de información entre proveedores y clientes eran más comunes. Hoy es posible conocer el precio de un producto si se busca en Google.

- AUDIENCIAS EXPUESTAS A MÁS MEDIOS DE COMUNICACIÓN. Con el aumento de la penetración de internet y el desarrollo de dispositivos móviles como laptops, netbooks, iPods y, más recientemente, las tabletas, los usuarios no sólo tienen en sus manos más contenidos digitales, sino que pueden consumirlos en cualquier lugar. Con el crecimiento de la Web 2.0 los usuarios contribuyen a generar una parte importante de los contenidos que comparten en internet. En este contexto, las audiencias están expuestas a una mayor cantidad de medios tradicionales y electrónicos que compiten por su atención y que sin duda generan ruido en la comunicación entre las marcas y los usuarios.

- MENOS CONTROL DE LAS COMUNICACIONES. En los medios tradicionales son la empresa o su agencia de publicidad las que canalizan qué, quién y dónde se dicen las cosas. En los medios sociales cualquiera puede hablar sobre la empresa y sus marcas, incluyendo a los trabajadores y los consumidores. La empresa ya no decide qué, quién y dónde se dicen las cosas, sino que debe seguir a los medios sociales para escuchar qué se dice, quién lo dice y dónde lo dice, de forma de responder cuando sea pertinente y escuchar en la mayoría de los casos.

Estas tres implicaciones de los medios sociales imponen retos para las empresas, tales como aumentar la fidelidad de marca en un ambiente muy competido y en el que los consumidores tienen acceso a información como nunca antes; comunicar la propuesta de valor de la marca en unos medios más congestionados y solapados y, por último, hacer partícipes a los trabajadores y consumidores que están motivados con la marca a que se constituyan en sus embajadores en los medios sociales.

Cuadro 4.1
Implicaciones de los medios sociales para las empresas

| SITUACIONES | IMPLICACIONES | RETOS |
|---|---|---|
| NUEVOS CANALES PARA COMUNICARSE CON LOS USUARIOS | USUARIOS CON MAYOR PODER DE NEGOCIACIÓN | AUMENTAR LA FIDELIDAD DE LA MARCA |
|  | USUARIOS MEJOR INFORMADOS |  |
| NUEVAS FORMAS DE PARTICIPACIÓN | USUARIOS CON MAYOR POTENCIAL DE ARTICULACIÓN |  |
| CONSUMO DE CONTENIDOS GENERADOS POR LOS USUARIOS | CONTENIDOS PROFESIONALES VS. AFICIONADOS | COMUNICAR LA PROPUESTA DE VALOR |
|  | SOLAPAMIENTO DE MEDIOS (MULTITASKING) |  |
| MENOS EXPOSICIÓN A MEDIOS MASIVOS | MÁS RUIDO EN LA COMUNICACIÓN |  |
| TRABAJADORES CONECTADOS EN MEDIOS SOCIALES | RIESGO DE CRISIS DE IMAGEN | APROVECHAR LA MOTIVACIÓN DE LOS TRABAJADORES EN BENEFICIO DE LA MARCA |
|  | MENOS CONTROL DE LAS COMUNICACIONES |  |

# ¿QUÉ HACER CON LOS MEDIOS SOCIALES?

## *¿DEBE UNA EMPRESA ESTAR EN LOS MEDIOS SOCIALES?*

Muchos ejecutivos de empresas se preguntan qué deben hacer en los medios sociales. Esta interrogante obedece a una presión del mercado y de fuerzas internas de la empresa que exigen usar estos medios para relacionarse con sus audiencias. Para decirlo de otra forma, ya no le pueden seguir sacando el cuerpo. Sin embargo, otras preguntas son producto de un mejor entendimiento del medio y de sus potencialidades.

Estas inquietudes reflejan una evolución favorable de los negocios en internet. Antes la pregunta más común era «¿debe la empresa estar en los medios sociales?», mientras que ahora es «¿qué se debe hacer en la Web 2.0?», lo que quiere decir que ya no se cuestiona la presencia de las empresas en los medios sociales. No obstante, todavía hay muchos gerentes ante los cuales la Web 2.0 es una encrucijada.

¿Debe una empresa estar en los medios sociales? Definitivamente, sí. He aquí tres argumentos a favor:

1  INTERNET ES SOCIAL. Ya ninguna o muy pocas empresas dudan acerca de la importancia de estar en internet, ya sea para promoverse, comunicarse con los clientes o ahorrar costos. Pero internet es un medio social y cada día lo es más. Cada vez quedan menos sitios 1.0. Muchos sitios de internet, aun cuando no son redes sociales, tienen muchos componentes de medio social, porque permiten la participación y la formación de comunidades. Según este razonamiento, al estar en internet ya se está de alguna forma en los medios sociales. El internet estático y unidireccional como se conoció en sus orígenes está en vías de extinción.

2  LOS PRINCIPALES USOS DE INTERNET SON LOS MEDIOS SOCIALES, QUE SIGUEN CRECIENDO. Los principales sitios de internet visitados son los medios sociales, no sólo los populares Facebook y Twitter, sino otros emblemáticos como la mensajería instantánea de Hotmail o los sitios para compartir fotos y videos, entre otros. También se están expandiendo las actividades propias de la Web 2.0, como la publicación de contenidos en video, audio y fotos. Esto indica que si se quiere estar donde están las audiencias hay que tener presencia en los medios sociales. Además, es muy probable que una empresa ya esté socializando con los usuarios mientras que su competencia está decidiendo si participar o no en internet.

**3** Taparse los oídos no evitará que se hable de las marcas. Uno de los argumentos usados por los que evitan tener presencia en los medios sociales es el riesgo de exponer la marca. Este argumento es fácil desarmarlo con sólo realizar una búsqueda en Twitter Search y ver cómo abundan comentarios sobre las marcas, buenos y malos, según el caso. Los consumidores seguirán hablando de las marcas como lo han hecho desde que se inventaron hace siglos. La ventaja de estar en estos medios es recibir directamente esos comentarios y, mejor aún, responderlos.

### ¿QUÉ DEBE HACER UNA EMPRESA EN LOS MEDIOS SOCIALES?

Decidir estar en los medios sociales es importante, pero no garantiza el éxito. El próximo paso es decidir qué hacer en la Web 2.0.

Esta pregunta es más compleja que la anterior debido a que está condicionada por las características de la empresa y el mercado en el que opera, así como por su experiencia en los medios sociales. Sin embargo, pueden formularse cuatro recomendaciones generales para comenzar:

**1** Determinar para qué pueden servir los medios sociales. Esta es otra forma de decir que lo primero que se debe hacer es determinar un objetivo de negocios; estar claro qué se quiere obtener. Los medios sociales pueden ser muy útiles para escuchar a los clientes, conocerlos, comunicarse con ellos y fidelizarlos. También sirven para promover productos y servicios, así como para dar a conocer sus características y formas de uso. Hay que decidir claramente qué se quiere antes de incursionar en los medios sociales, y trazar objetivos a corto, mediano y largo plazo.

**2** Delimitar y conocer las audiencias. Los usuarios de internet usan diferentes tipos de medios sociales dependiendo de sus necesidades y características. Uno de los primeros pasos que se debe dar es identificar las audiencias objetivos y conocer su comportamiento en internet y, específicamente, en los medios sociales. Si la audiencia primaria está formada por comunicadores sociales, por ejemplo, Twitter es un medio recomendable porque es ampliamente utilizado por esa comunidad.

**3** Conocer las opciones de medios sociales y decidir cuáles utilizar. Existen muchos tipos de medios sociales, y no todos responden a las necesidades de un negocio. Es importante determinar qué se busca y en función de esto decidir cuál o cuáles de los medios sociales empleados por las audiencias objetivo son los más idóneos. Si una empresa está introduciendo un nuevo producto al mercado, por ejemplo, y su objetivo en esta etapa es enseñar los usos del producto, un medio social para compartir videos y fotos puede ser una buena opción.

4 Trazar una política de participación en medios sociales. Habiendo definido qué se quiere obtener, con quién se va a comunicar y con cuáles medios sociales se hará, es hora de poner en blanco y negro cómo se va a comportar la empresa y sus empleados en los medios sociales: quién publica, qué se publica, cuál es el tono de la comunicación, qué políticas tiene la empresa sobre la participación de los empleados en los medios sociales, etc. Es importante prever las posibles situaciones y las respuestas de la empresa para no improvisar.

*POLÍTICA PARA EL USO DE MEDIOS SOCIALES EN LAS EMPRESAS*

Los medios sociales ofrecen, sin duda, una enorme oportunidad para las empresas, debido a las posibilidades de acercarse de una manera nunca antes vista a sus audiencias. No obstante, también tienen riesgos que conviene conocer y frente a los cuales hay que estar preparados.

Lo primero que debe aclararse, sobre todo a las empresas que por temor posponen cualquier participación en los medios sociales, es que las marcas son públicas. Los usuarios se comunican entre sí y pueden hablar bien o mal de las marcas y, de hecho, lo hacen sin que ellas tengan que estar o no en los medios sociales. En este sentido, es importante que las empresas monitoreen estos medios para saber qué se dice de su marca y, si es necesario, responder a situaciones que lo ameriten.

También es recomendable establecer una política corporativa sobre el uso de los medios sociales por parte de los empleados. Aun cuando la empresa no tenga una presencia activa en estos medios, lo más seguro es que sus trabajadores sí. Aunque esa participación sea a título personal, puede tener consecuencias para la empresa y para el propio trabajador; por eso conviene que la empresa proponga lineamientos constructivos sobre el uso de los medios sociales, en lugar de tratar de limitar el acceso a ellos por parte de sus trabajadores. Algunos de esos lineamientos son:

- Compartir con los trabajadores el objetivo de la empresa frente a los medios sociales y cómo ellos podrían contribuir a lograrlo.
- Recomendar normas de conducta en los medios sociales, tales como ser respetuosos de las audiencias, no emplear insultos o malas palabras, ser

transparentes e identificarse apropiadamente, y aclarar cuando se hable a título personal y asumir la responsabilidad por ello. Es importante que las personas comprendan la dificultad de separar las facetas profesional y personal en estos espacios, porque los usuarios tienen en su red a clientes, proveedores y aliados.

- Extender los códigos de conducta de la empresa a las redes sociales, incluyendo normas como no divulgar información que se considere confidencial o inherente a las operaciones internas de la empresa ni implicar a los clientes o proveedores sin su consentimiento. En caso de no poseer un código de conducta se sugiere crearlo, incluyendo aspectos relacionados con el uso de internet y la participación en los medios sociales.

- No criticar a la empresa o sus productos de manera pública, y manejar las inconformidades por los canales internos más apropiados. Tampoco debe hacerse referencia a clientes o proveedores de manera inapropiada o irrespetuosa. Debe entenderse que los contenidos de muchas redes sociales son públicos o difíciles de controlar.

- Más que limitar el uso de los medios sociales (al fin y al cabo son una realidad ineludible), lo apropiado es educar a los usuarios acerca de sus oportunidades y riesgos.

## ¿PARA QUÉ TENER UN BLOG CORPORATIVO?

Un blog es un sitio web en el que los usuarios publican artículos en orden cronológico. Si bien no fueron la primera manifestación de la Web 2.0, los blogs se convirtieron en su emblema durante los primeros años de la internet de segunda generación. Esta distinción provino de la posibilidad que brindaron para que cualquier usuario sin conocimientos de programación pudiera publicar contenidos y, más aún, permitir la participación de otros usuarios mediante sus comentarios.

Aun cuando la mayoría de los blogs son escritos por personas y cubren diversos temas, las empresas también comenzaron a utilizarlos con mayor frecuencia. A pesar de haber quedado relativamente relegados con el auge de Facebook y Twitter, conviene conocer los principales motivos que puede tener una empresa para crear un blog corporativo:

- PUBLICAR CONTENIDOS QUE AYUDEN A LOS USUARIOS A CONOCER MÁS SOBRE EL PRODUCTO O SERVICIO. Al igual que los videos y los *webinars* (conferencias en la Web que permiten que un expositor presente una materia a una audiencia conectada remotamente), los blogs son excelentes herramientas para productos nuevos o complejos que requieren explicaciones para su mejor uso y adopción. Los blogs permiten agregar contenidos propios y de terceros, así como fotos, videos y textos que contribuyan a una mejor compresión del producto o servicio.

- Publicar contenidos no oficiales. Algunas empresas prefieren dejar sus páginas corporativas para publicar exclusivamente contenidos oficiales de la empresa y sus marcas, y dejan los blogs para la información que está relacionada con la categoría pero que ha sido publicada por otras fuentes. Por ejemplo, Tendencias Digitales publica los resultados oficiales de sus estudios en su sitio web www.tendenciasdigitales.com y utiliza su blog en www.internet-latinoamerica.com para publicar datos relevantes, sin importar la fuente (siempre y cuando sea reconocida).

- Contar con una plataforma para interactuar con las audiencias. Los blogs cuentan con la posibilidad de recibir comentarios de los usuarios, lo que los hace más accesibles que las páginas corporativas.

- Mantener una presencia más local. En algunas empresas multinacionales, el blog se utiliza como una manera de publicar contenidos locales y soslayar las limitantes que imponen los sitios corporativos globales, que ofrecen pocas posibilidades para hacer cambios adaptados a cada país.

- Incrementar el tráfico del sitio corporativo. Mantener un blog incrementa las posibilidades de que la empresa y sus marcas se posicionen mejor en los buscadores, pues no sólo serán más mencionadas en diferentes páginas sino que esas menciones estarán vinculadas a la página web corporativa.

A pesar del auge de las redes sociales y el *microblogging*, todavía los blogs tienen mucho que ofrecer. Entre sus elementos diferenciadores se encuentra su versatilidad para publicar contenidos de audio, video y textos, así como la posibilidad de adaptar su imagen a la identidad corporativa. No obstante, es recomendable que la empresa no cree un blog si no tiene claro el objetivo que persigue y cuente con la determinación y los recursos para mantenerlo actualizado.

Preguntas como estas son las que una empresa debe hacerse antes de dar el primer paso: ¿tiene un blog corporativo? ¿Cuál es la principal razón que persigue el blog corporativo? ¿Qué lo diferencia de las redes sociales y Twitter? ¿Cómo se relacionará el blog con la presencia en Facebook o Twitter? ¿Quiénes actualizarán el contenido y con qué frecuencia?

## FACEBOOK VERSUS TWITTER

Facebook y Twitter son unas de las marcas más populares en los medios sociales en los últimos años. Facebook se ubica entre las páginas más visitadas y está presente en parte importante de las interacciones sociales de los usuarios, ya sea porque se comunican por esta red social o porque comparten fotografías, videos y experiencias. Por su parte, Twitter se ha metido, como los medios impresos, en la agenda noticiosa diaria de los medios de comunicación audiovisuales. Periodistas y personalidades del espectáculo compiten por estar entre los más seguidos, espacio que los políticos y las marcas también persiguen con afán.

Ahora bien, desde la perspectiva de los usuarios, ¿qué diferencia a estos dos gigantes de los medios sociales? La respuesta es: Facebook es más personal que Twitter.

En Facebook la mayor parte de los contactos que forman la red de un usuario son personas a quienes conoce, con quienes interactúa mediante mensajes y chat, y con quienes comparte fotografías y experiencias personales. En Twitter los usuarios opinan y se informan. Las relaciones ocurren en un ámbito más amplio, con personas que puede que no se conozcan personalmente pero que forman lazos sociales igualmente importantes. Ambos medios sociales, sin embargo, son usados por personas y empresas con fines de negocios. No podía ser de otro modo en un medio que crece con cifras de dos dígitos anuales y en donde los usuarios pasan cada vez más tiempo.

Twitter tiene un gran impacto mediático. Sólo basta darse una pasada por los medios tradicionales para darse cuenta de que Twitter está metido entre las páginas y los diálogos. Sin embargo, su penetración en la base de internautas es todavía menor en comparación con Facebook. Esta condición explica que el perfil del usuario de Twitter se diferencie del internauta promedio. Facebook ya es un fenómeno masivo de mercado: más de la mitad de los internautas latinoamericanos usan esta red social. De allí que el usuario de Facebook y el usuario promedio de internet se asemejen.

A pesar de que algunas empresas están aprovechando las oportunidades que les brindan estos medios sociales, muchas se mantienen al margen. Para las empresas que aún lo siguen pensando, es importante que estudien cómo estos medios pueden apoyar sus negocios.

Son muchas las formas como una empresa puede tener presencia en Facebook. Originalmente muchas compañías crearon su perfil como si fueran una persona, mientras que otras crearon grupos de interés. Luego aparecieron las páginas de marca como la forma más idónea para que las empresas tengan presencia en la red social:

1 PERFIL. Lo primero que hace una persona cuando entra en Facebook es crear un perfil, con su foto e información personal. Muchas empresas hacen lo mismo, a pesar de que el perfil está pensado para personas y no para empresas. Una primera recomendación es que las personas clave de la empresa mantengan un perfil en Facebook, si se piensa usar este medio para mercadeo, pero que la empresa utilice las páginas de marca.

2 GRUPOS. Facebook fue uno de los primeros medios para organizar una comunidad alrededor de las empresas. Sin embargo, no permite instalar aplicaciones, como sí lo hacen las páginas de marca. También presenta restricciones en el envío de mensajes a los miembros del grupo. La recomendación, si se posee un grupo, es migrar a sus miembros a una nueva página de marca. Facebook permite realizar esta migración de manera automática. Los grupos han quedado para organizarse alrededor de una causa o pasatiempo.

3 PÁGINAS DE MARCA (*FAN PAGES*). Estas páginas se han convertido en la figura principal usada por las empresas para estar en Facebook. Tienen la ventaja de que puede adaptarse con aplicaciones y de que generan estadísticas de las personas que se convierten en admiradores o fanes y participan en la página.

4 AVISOS PUBLICITARIOS. A diferencia de las opciones anteriores, contratar un aviso publicitario en Facebook implica una erogación de dinero. Los avisos son una manera fácil y efectiva de aumentar el número de fanes en Facebook o de dar a conocer un producto o marca; además, los avisos se pueden segmentar de acuerdo con el perfil de los usuarios.

5 APLICACIONES. Una iniciativa de Facebook que catapultó su popularidad fue brindar la posibilidad de que desarrolladores independientes crearan aplicaciones para Facebook. Muchas empresas también han decidido crear aplicaciones para promoverse y brindar posibilidades de interacción con la marca.

Una vez que se ha creado la página de marca en Facebook, el trabajo apenas comienza, pues se debe mantener la actividad invitando a nuevos miembros y publicando contenidos como fotos, videos y demás actividades que contribuyan a divulgar la presencia de la página. Igualmente, es importante que esta presencia se integre con la página web de la empresa y otros medios sociales. Cada vez que un usuario se una a la página de marca o interactúe con ella y sus contenidos, sus amigos se enterarán por el movimiento reflejado en su perfil (*news feed*), lo que le otorga un carácter viral muy interesante.

Lo más importante es que se determine claramente qué se busca con la presencia en Facebook, de forma de trabajar en pro de ese objetivo. Deben formularse preguntas como las siguientes antes de comenzar: ¿está la audiencia en Facebook o hay otra red social de gran aceptación entre los clientes? ¿Qué se quiere lograr con esta iniciativa y cuáles son las metas? ¿Cómo se medirá el éxito? ¿Cómo se relacionará la página de marca con el sitio web de la empresa y otros medios sociales como Twitter?

## *SEIS MANERAS PARA QUE UNA EMPRESA PARTICIPE DE LA TWITTERMANÍA*

Un elemento característico de Twitter, a diferencia de otros medios sociales como los blogs, YouTube y Facebook, es que ha tenido una gran acogida en el mundo empresarial. Es difícil encontrar marcas importantes sin una cuenta en Twitter. En Venezuela, de los 250 twitteros más importantes, un tercio son organizaciones, ya sean empresas, ONG u organismos gubernamentales.

Las organizaciones pueden utilizar Twitter con fines disímiles, dentro de los cuales pueden mencionarse seis categorías:

1 ESCUCHAR AL MERCADO Y PARTICIPAR DE LA CONVERSACIÓN. Las compañías desean conocer de qué hablan sus audiencias y responder a las opiniones relacionadas con ella o sus marcas. Su presencia en Twitter es una expresión social de la marca, tal como lo haría un particular. Esta modalidad de participación permite responder a cualquier crisis, porque se conoce cómo funcionan estos medios y se forma parte de la comunidad. Es definitivamente un buen primer paso para entrar en los medios sociales.

2 NOTIFICAR ACERCA DE CONTENIDOS PARA LLEVAR TRÁFICO HACIA EL SITIO WEB. Twitter actúa como un servicio de notificaciones a las audiencias acerca de actualizaciones realizadas en el sitio web o en el blog corporativo, con el objeto de llevar tráfico a estas propiedades. Esta forma es muy común

en los medios de comunicación y en las empresas cuyo modelo de negocios se fundamenta en la publicidad.

3 Informar a las audiencias sobre actividades y noticias corporativas. Ciertas empresas emplean a Twitter como uno de sus activistas más importantes en materia de relaciones públicas, y usan este medio para difundir notas de prensa y noticias corporativas. Para las empresas medianas y pequeñas que no cuentan con un departamento de comunicaciones o una agencia de relaciones públicas esta es sin duda una gran ayuda.

4 Atender al cliente mediante un canal de comunicación alternativo. Muchas empresas de servicios permiten que sus clientes usen estos nuevos medios para comunicarse con ellas en relación con el servicio. En este caso, este canal será adicional y complementario a su oferta de puntos de contacto tradicionales como el sitio en internet, el centro de atención telefónica y las oficinas. Las empresas de servicios, como los bancos y las telecomunicaciones, se pueden favorecer de esta plataforma.

5 Comunicarse con los clientes de manera informal y humana. Twitter permite que muchas marcas se acerquen a sus clientes y, sobre todo, que los clientes sientan que la marca es accesible. No hay una meta específica de divulgación o conversión; simplemente se desea estar a la mano de los clientes.

6 Notificar a los clientes sobre ofertas y promociones. Twitter permite que la empresa divulgue promociones y descuentos entre sus clientes actuales y potenciales.

Otros ámbitos en los que una empresa puede emplear Twitter son el reclutamiento de personal y la formación de una red de contactos. Si una empresa no utiliza Twitter, debe revisar esta lista y evaluar cuál de estas formas de participación se adapta a su estrategia de negocios.

## POTENCIAL VIRAL DE LOS MEDIOS SOCIALES

Muchas empresas desean beneficiarse del mercadeo viral (las técnicas de mercadeo que buscan generar mensajes favorables para la marca transmitidos de boca a boca mediante medios electrónicos). El objetivo es aumentar exponencialmente las menciones de su marca o productos por parte de los consumidores, con una inversión generalmente mucho menor que la publicidad convencional. A pesar de que el mercadeo boca a boca tiene un componente viral y es mucho más antiguo que los medios digitales, el mercadeo viral es un concepto propio de la era digital, en la que los medios sociales tienen un gran potencial de difundir información.

Un estudio realizado en Latinoamérica por Tendencias Digitales (2009) intentó medir el «potencial viral» de los diferentes formatos y medios electrónicos. El objetivo era conocer hasta qué punto cada formato puede alcanzar una mayor cantidad de usuarios en la red. Para ello se empleó la siguiente fórmula:

$$\text{POTENCIAL VIRAL} = \frac{\text{CANTIDAD DE USUARIOS DEL MEDIO X PROPENSIÓN A COMPARTIR CONTENIDOS}}{\text{NÚMERO TOTAL DE USUARIOS}} \times 100$$

Este es un cálculo teórico y se fundamenta en la cantidad máxima de usuarios que tiene el medio o formato, y la propensión declarada por los usuarios a compartir esos contenidos. No se toma en cuenta la calidad del contenido, que por supuesto tiene un impacto importante en ese potencial: dada una penetración y una propensión a compartir el contenido, una pieza más creativa y divertida tendrá un mayor potencial viral.

Al realizar los cálculos se encontró que el correo electrónico sigue siendo el medio con mayor potencial viral, sobre todo por su gran penetración. Le siguen los videos y las redes sociales, que han incrementado notablemente su penetración y que los internautas están bastante dispuestos a emplear para compartir contenidos. Aun cuando Twitter goza de una gran propensión a compartir contenidos, su penetración no es la mayor, por lo que su potencial viral es menor.

Figura 4.3
Índice viral de los medios sociales en América Latina

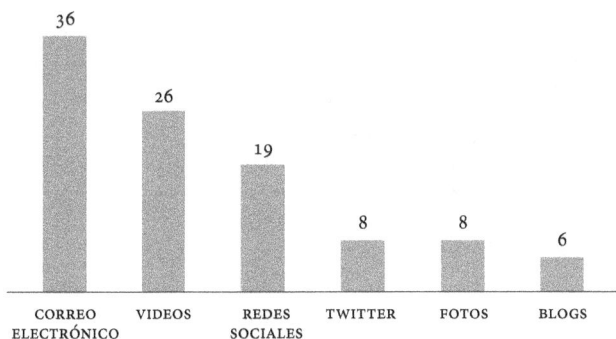

Fuente: Tendencias Digitales (2009).

# MERCADEO CONVERSACIONAL: QUÉ ES Y CÓMO COMENZAR

Al hablar de un mercadeo que se basa en las conversaciones, se está apuntando a la idea de que la intención de hacer un trato comercial entre una empresa y sus potenciales clientes (que es la finalidad del mercadeo) se apoyará en las conversaciones que ocurran en ese mercado.

Esta afirmación tiene como base la primera tesis del «Manifiesto Cluetrain» (Locke y otros, 2000), que afirma que los «mercados son conversaciones». Este Manifiesto, publicado en el año 2000 en pleno auge de las empresas puntocom, expuso 95 tesis relacionadas con la forma como internet cambiaría la manera de hacer negocios.

Como sugiere Shel Israel (Scoble y Israel, 2004), «el mercadeo conversacional no es nada nuevo. Básicamente atiende al concepto de que las personas responden mejor a voces bajas en tonos creíbles. Si el sentido común prevalece, la gente de mercadeo entendería que es simplemente más efectivo conversar con clientes, prospectos, socios, inversionistas y empleados. Las personas escuchan más y mejor cuando les hablas y los escuchas».

Aunque este concepto no es nuevo —y frecuentemente trae a colación los mercados de la antigüedad, en los que las transacciones se realizaban cara a cara y la conversación entre oferentes y demandantes era crucial—, su mención cobra sentido en la medida en que las comunicaciones se han masificado y se han transformado en un monólogo en el cual las marcas hablan de sí mismas a una audiencia que no siempre está habilitada para responder, o simplemente no hay nadie del otro lado que esté dispuesto a escuchar.

Internet ha permitido que los usuarios se conecten entre ellos de una forma que antes era imposible. Esta conexión les otorga un mayor poder a los usuarios gracias al acceso a la información, pero también a la posibilidad de organizarse mejor entre ellos, de compartir conocimientos y de «conversar».

En la década de los años noventa, esta comunicación entre los usuarios estaba ocurriendo en su forma más básica gracias al correo electrónico y, luego, a las salas de chat. Pero es a partir del primer lustro del siglo XXI cuando realmente se dispara la gran conversación, debido al desarrollo de la Web 2.0.

## POR DÓNDE COMENZAR

Siempre es recomendable comenzar por lo que mejor se sabe hacer. Cuando se quiere motivar a una empresa tradicional a que pruebe la publicidad en internet, se le habla de promociones y de cómo internet puede ser un apoyo excepcional. En el mercadeo conversacional, una buena forma de comenzar es utilizar la publicidad tradicional para generar una conversación. Ed Cotton sugiere en su blog (influxinsights.com) algunas formas de hacerlo:

- Pensar más allá de un simple anuncio y encontrar una causa que pueda comunicarse y que motive a los consumidores a formar parte de ella (y a conversar sobre ella con sus amigos).
- Explotar la creatividad y comparar los anuncios con lo mejor en entretenimiento y no con los mejores comerciales: debe lograrse que la comunicación dé de qué hablar.
- Crear mecanismos para atraer a los consumidores (foros, por ejemplo) y, lo más importante, para escucharlos.
- Prestar atención a los productos. Los productos sí importan. Si el producto o la calidad del servicio no son buenos, de acuerdo con las expectativas de los usuarios, es difícil que se genere una buena conversación sobre ellos o sobre la empresa.

### CINCO MANERAS DE UNIRSE A LA CONVERSACIÓN

Joseph Jaffe (2007) propone cinco maneras por medio de las cuales una marca puede ser parte de una conversación. Ellas van desde las menos activas hasta el extremo de ser la marca la que comience la conversación. Es muy recomendable que estas formas de unirse a una conversación sean adoptadas en el orden que se presenta a continuación:

1 ESCUCHAR UNA CONVERSACIÓN. La base del mercadeo conversacional es saber qué se está diciendo en un momento dado. Ello requiere conocer dónde se está hablando y quiénes participan en el diálogo. Existen numerosas formas de saber qué está pasando en la red que no tienen costos adicionales para las empresas. Las alertas de Google y las búsquedas en sitios como Twitter pueden decir en un momento determinado de qué se está hablando, quiénes participan en la conversación y quién ha nombrado la empresa y en qué contexto.

2 UNIRSE (O SER INVITADO A UNIRSE) A UNA CONVERSACIÓN. Para unirse a una conversación no solamente es necesario saber de su existencia sino ser invitado por quienes participan en ella, o al menos ser aceptado si se solicita. En esta forma de participación debe dejarse de lado el modelo de co-

municación tradicional, en el cual las marcas intentan llegar sin contar necesariamente con la aprobación de los consumidores. Casi todas las redes sociales ofrecen la posibilidad de recomendar amigos: una excelente manera de ser introducido en una comunidad.

3  RESPONDER A UNA CONVERSACIÓN. En un diálogo real todos merecen una respuesta y, por ello, el segundo paso obvio del mercadeo conversacional es responder a una conversación. Esa respuesta, sin embargo, debe ser respetuosa, evitando caer en provocaciones que pongan en riesgo la imagen de la empresa o convertir la intervención en una comunicación comercial. Es importante que la identidad de la empresa esté clara al responder una crítica y evitar crear caracteres o identidades ficticias. Además, la respuesta debe ser oportuna, pues de lo contrario el efecto puede ser diferente del esperado. La tecnología ayuda, mediante los RSS, por ejemplo, a hacer seguimiento de conversaciones o comentarios de interés.

4  CATALIZAR UNA CONVERSACIÓN. Las marcas pueden acelerar una conversación por diferentes medios, entre los que se destacan el patrocinio de blogs especializados o la promoción de un concurso. En esta tarea lo importante es la honestidad con las audiencias y no caer en el error de crear una conversación falsa. Para realizar estas acciones es conveniente tener un conocimiento profundo de los temas de conversación y de los lugares en donde se está hablando.

5  COMENZAR UNA CONVERSACIÓN. Las empresas pueden comenzar una conversación de varias maneras: diseñando mecanismos que permitan opinar a sus usuarios (como foros y comentarios) o creando grupos o comunidades, entre otras. Lo importante es estar conscientes, al iniciar el diálogo, de que los usuarios ejercerán su derecho a comunicarse y de que no siempre lo que digan tiene que gustarle a la empresa.

▶▶▶ **Una selección de las tesis
del «Manifiesto Cluetrain»**

- TESIS 2. Los mercados consisten de seres humanos, no de sectores demográficos.
- TESIS 3. Las conversaciones entre seres humanos suenan humanas. Se conducen en una voz humana.

- TESIS 6. Internet hace posible tener conversaciones entre seres humanos que simplemente eran imposibles en la era de los medios masivos de comunicación.
- TESIS 10. Como resultado, los mercados se vuelven más inteligentes, más informados, más organizados. La participación en un mercado interconectado hace que las personas cambien de una manera fundamental.
- TESIS 12. No hay secretos. El mercado en red sabe más que las empresas acerca de sus propios productos. Y ya sea que las noticias sean buenas o malas, se las comunican a todo el mundo.
- TESIS 18. Las compañías que no se dan cuenta de que sus mercados ahora están interconectados persona-a-persona y, en consecuencia, volviéndose más inteligentes y profundamente unidos en conversación, están perdiendo su mejor oportunidad.
- TESIS 34. Para hablar en una voz humana, las empresas deben compartir las preocupaciones de sus comunidades.
- TESIS 35. Pero, primero, deben pertenecer a una comunidad.
- TESIS 38. Las comunidades humanas se basan en el diálogo: conversaciones humanas acerca de inquietudes humanas.
- TESIS 39. La comunidad del diálogo es el mercado.

Fuente: Locke y otros (2000).

## ▶▶▶ Decálogo del mercadeo 2.0

1 ESTABLECER UNA META. Lo primero es tener claro qué se busca con los medios sociales: *branding*, formar una lista de prospectos o incrementar el tráfico del sitio web son algunos ejemplos de las metas más comunes.

2 GARANTIZAR LOS RECURSOS. Los medios sociales no son gratuitos; por el contrario, requieren un esfuerzo organizacional, porque exigen tener lineamientos claros y personal adecuado para hacerles seguimiento. No es recomendable tener presencia en estos medios si no se cuenta con los recursos para mantenerse activo.

3  ESTABLECER LINEAMIENTOS. Aun cuando la empresa no tenga una presencia activa en los medios sociales, lo más seguro es que sus trabajadores sí. Aunque esa participación sea a título personal, puede tener consecuencias para la empresa y para el propio trabajador. Por ello conviene proponer lineamientos constructivos sobre el uso de estos medios, en lugar de tratar de limitar su acceso a ellos. También es recomendable definir cómo la empresa debe responder a críticas y crisis de imagen.

4  CONOCER LAS AUDIENCIAS. Saber con quién se comunica la empresa, cuántos son sus interlocutores y cuáles son sus intereses es clave para adecuar las comunicaciones y mantener el interés de las audiencias. Se trata de escuchar y comprender para luego hablar, y no sólo hablar pretendiendo ser escuchado.

5  PERSONIFICAR LA MARCA. Si se trata de una iniciativa empresarial, es importante conocer la personalidad de la marca y la forma como se comunica con sus audiencias. ¿Cómo es el tono y el estilo de esa comunicación? ¿Habla un hombre o una mujer?

6  SELECCIONAR LOS MEDIOS. No es recomendable colonizar con la marca un sinfín de medios sociales, sino comprender dónde están las audiencias que interesan y qué medio es el más adecuado para alcanzar las metas. Por ejemplo, si se trata de educar sobre el producto y sus usos, un blog corporativo puede ser una buena idea, pero si lo que se quiere es dar acceso a los clientes a la empresa, Twitter puede ofrecer más valor.

7  AGREGAR VALOR. La Web 2.0 es una red colaborativa en la que se debe agregar valor a la comunidad, ya sea con contenidos de calidad, con comunicaciones o con servicios. ¿Qué vamos a ofrecer a esas audiencias que tanto interesan para que sean fanes de la empresa en Facebook o seguidores en Twitter?

8  SER TRANSPARENTE. El peor error que se puede cometer en la Web 2.0 es engañar a las audiencias creando una presencia falsa que pretende ser genuina. En los medios sociales todo se sabe, tarde o temprano, así que es mejor ser lo más transparente posible.

9  MEDIR LOS RESULTADOS. Partiendo de las metas definidas se deben establecer las métricas de los resultados. Número de seguidores o fanes, interacciones, *retweets*, visitas, comentarios y reenvíos, son ejemplos de algunos indicadores.

**10** EXPLOTAR LO QUE SE SABE. Los principios básicos de los negocios se cumplen en las redes sociales; por ello no se deben dejar de lado. Tampoco hay que pretender que estos medios sean, por sí solos, la panacea, y dejar de lado la publicidad tradicional y la publicidad interactiva para ciertos objetivos y metas de conversión.

## RESUMEN DEL CAPÍTULO

**1** MEDIOS SOCIALES EN EXPANSIÓN. Los medios sociales son cada vez más populares entre los usuarios de internet, que cada vez los adoptan más. La influencia de estos medios sobre las decisiones de los consumidores es también creciente.

**2** MEDIOS SOCIALES DIVERSOS. Existen diversos tipos de medios sociales. Se destacan las redes sociales (Facebook), el *microblogging* (Twitter), los sitios para compartir videos, fotos y presentaciones (YouTube, Flickr, Slide Share), los agregadores de contenido (Digg), los marcadores sociales (Delicious) y los blogs (Wordpress, Blogger), entre otros.

**3** SEGMENTOS DE USUARIOS EN LA WEB 2.0. Los usuarios de la Web 2.0 pueden segmentarse en cuatro grupos de acuerdo con la manera en que generan contenidos y la frecuencia con que usan los medios sociales: mayoría socializadora (46 por ciento), entusiastas (22), creadores (20) y corporativos (12).

**4** IMPACTOS Y RETOS EN LAS ORGANIZACIONES. Los medios sociales influyen sobre las organizaciones y les crean importantes retos, tales como aumentar la fidelidad de marca, comunicar su propuesta de valor y hacer partícipes a los trabajadores y consumidores en los medios sociales.

**5** POR DÓNDE COMENZAR. Las empresas que comienzan en los medios sociales deben tener claro para qué le pueden servir en su estrategia de negocios, delimitar y conocer sus audiencias, conocer las opciones de medios sociales para decidir cuáles utilizar y trazar una política de participación en esos medios.

**6** EL PODER DE LOS USUARIOS. Internet ha permitido que los usuarios se conecten entre sí de una forma que antes era imposible. Esta conexión les otorga un mayor poder a los usuarios gracias a su acceso a la información, pero también por la posibilidad de organizarse mejor entre ellos, de compartir conocimientos y de «conversar».

## TRES PRÁCTICAS CLAVE

1  Elegir los medios sociales donde la empresa debe estar, en función de sus objetivos de negocio y las características de la audiencia. En este caso, más no es necesariamente mejor.

2  Definir una política de participación en los medios sociales que permita responder ante situaciones de crisis o, mejor aún, evitarlas. Siempre hay que tratar de aprovechar la motivación de los trabajadores y clientes para crear relaciones duraderas.

3  Comenzar en los medios sociales escuchando la conversación entre los internautas. Esta es la mejor forma de aprender.

### GLOSARIO

BLOGS: sitios de internet donde los autores (personas o empresas) publican artículos en orden cronológico (dejando de primero el más actual). Blogger de Google o Wordpress son dos de las herramientas más comunes para crear un blog.

MARCADORES SOCIALES: herramientas que permiten almacenar, clasificar y compartir direcciones de sitios de internet. Delicious es un ejemplo de marcador social.

MEDIOS SOCIALES: medios de comunicación social en los que los contenidos son generados por los usuarios y compartidos entre ellos. Abarcan diversos tipos como redes sociales, blogs, *microblogging*, marcadores y agregadores sociales, entre otros.

MICROBLOGGING: un servicio similar a los blogs en el que los usuarios publican mensajes en orden cronológico con la particularidad de que los mensajes son cortos, generalmente de menos de 140 caracteres. El representante más importante de esta categoría es Twitter.

REDES SOCIALES: sitios de internet que permiten establecer relaciones sociales entre personas mediante mensajes, chat e intercambio de información. Los usuarios crean un perfil en el que colocan información personal y sus principales intereses y pasatiempos. Algunas empresas crean perfiles en esas redes. Las redes sociales más conocidas son Facebook y MySpace.

# 5

# *Comercio electrónico*

## DEFINICIÓN Y TIPOS DE COMERCIO ELECTRÓNICO

El comercio electrónico es la venta de bienes o servicios por internet. A pesar de que se asocia el comercio electrónico con marcas como Amazon, dedicadas a las ventas al detal, estas operaciones pueden realizarse entre empresas y particulares para dar paso a los términos «comercio entre particulares» (C2C, por las siglas en inglés), «comercio entre empresas» (B2B) y «comercio entre empresas y particulares» (B2C).

Cuadro 5.1
Tipos de comercio electrónico

|  | PARTICULARES | EMPRESAS |
|---|:---:|:---:|
| PARTICULARES | C2C | B2C |
| EMPRESAS | C2B | B2B |

El comercio entre empresas representa más de ochenta por ciento de las transacciones electrónicas y ha existido incluso antes del surgimiento de internet. En este comercio las tiendas realizan las compras de mercancías a fabricantes y mayoristas mediante portales corporativos. Por su parte, las transacciones entre particulares son más recientes y vienen creciendo a grandes pasos con el desarrollo de plataformas como MercadoLibre, que originalmente permitían hacer subastas pero que hoy han hecho que la mayoría de sus operaciones sean compraventas simples, pues permiten que dos particulares se pongan en contacto para realizar una operación. Con el auge de la Web 2.0 surgen también nuevos actores, como Kentriki, que combina las características de un sitio de comercio electrónico y una red social.

El comercio electrónico se refiere formalmente a las transacciones electrónicas, pero en la práctica la mayoría de las operaciones en los mercados entre particulares (C2C) y en las ventas al detal (B2C) se cierran con depósitos en cuentas bancarias o pagos contra entrega, debido a varios factores como la desconfianza de los usuarios en los medios electrónicos y la ausencia de medios de pago por la poca bancarización. Esa es una realidad del mercado, pero quienes la han comprendido han podido concretar las ventas. Por eso este tipo de transacciones califica como comercio electrónico, a pesar de que se pierden algunas ventajas propias de las transacciones automatizadas. Sí se excluyen del comercio electrónico las ventas que se cierran en los canales tradicionales (tiendas), pero cuya decisión de compra se ha realizado previamente en internet e incluso en un portal de comercio electrónico. Esto cae dentro del ámbito de la publicidad, ya tratado en el capítulo tres.

## ESTADO ACTUAL DEL COMERCIO ELECTRÓNICO

Mientras que los usuarios de internet en América Latina se han incrementado en cincuenta por ciento entre 2008 y 2011 para superar los doscientos millones de personas, las operaciones de comercio electrónico lo han hecho en más de 150 por ciento, para acercarse a los 30 millardos de dólares en 2011. Este desempeño está mostrando cómo las condiciones para el comercio en la región no estaban dadas del todo, y ahora es cuando empieza a ser una opción real para muchas empresas, debido a factores como la madurez de la infraestructura tecnológica y la existencia de una masa crítica de mercado. Esto no significa que no existan barreras e inhibidores, que se comentarán en el siguiente apartado.

En Venezuela el comercio electrónico ha estado algo más rezagado que en los países más representativos de la región, sobre todo porque las empresas privadas han sido más tímidas en el uso de los medios electrónicos para vender sus productos y servicios. Las cifras del comercio electrónico B2C, sobre todo antes de la reducción del cupo para compras por internet en enero de 2008 estaba «ayudada», debido a que el cupo actuaba como un subsidio a las compras por internet. En todo caso la tendencia muestra una cara optimista: el número de internautas casi se dobló entre 2008 y 2011 y el de compradores en internet se duplicó, para llegar a las 3,7 millones de personas en 2011.

Una gran proporción (71 por ciento) de los compradores por internet en América Latina, entrevistados por Tendencias Digitales en 2010, declaró su desacuerdo con la frase «comprar por internet no es seguro». Igualmente, un 59 por ciento señaló estar de acuerdo con «una vez que compras por internet te das cuenta de sus grandes ventajas». Estos resultados muestran cómo el mayor reto del comercio electrónico es derrumbar las barreras iniciales, que se comentarán en la siguiente sección, pero que una vez que los usuarios lo experimentan las experiencias exitosas hacen que se conviertan en compradores habituales. Es importante conocer esta característica de los clientes en internet, debido a que las recompras van a ser muy relevantes en cualquier iniciativa de comercio electrónico.

**Figura 5.1**
Opinión de los usuarios de internet
latinoamericanos sobre las compras en línea, 2010
*Porcentajes*

COMPRAR POR INTERNET NO ES SEGURO
UNA VEZ QUE COMPRAS POR INTERNET TE DAS CUENTA DE SUS GRANDES VENTAJAS

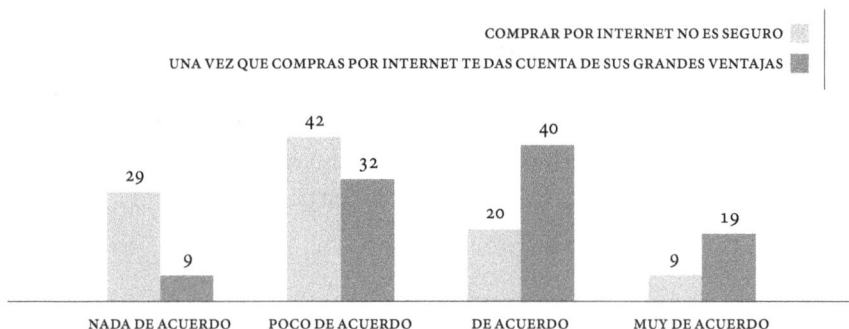

|  | NADA DE ACUERDO | POCO DE ACUERDO | DE ACUERDO | MUY DE ACUERDO |
|---|---|---|---|---|
| COMPRAR POR INTERNET NO ES SEGURO | 29 | 42 | 20 | 9 |
| UNA VEZ QUE COMPRAS... | 9 | 32 | 40 | 19 |

Fuente: Tendencias Digitales (2010c).

Los bienes más atractivos para los compradores en línea son accesorios de computación, ropa, accesorios para teléfonos celulares, memorias portátiles, computadoras, artículos deportivos y libros. Por su parte, también destacan los servicios, principalmente pasajes aéreos o terrestres, entradas para eventos y programas de computación. Esta lista muestra una diversificación del comercio electrónico al compararlo con los rubros comprados hace cinco años, cuando la concentración era mayor en unos pocos productos. En este sentido, se observa cómo el comercio electrónico no sólo se incrementa sino que se hace más diverso y cómo empresas de distintos sectores de actividad se hacen presentes en este mercado creciente. Igualmente, los productos más vendidos están condicionados por la oferta disponible. En la medida en que las empresas acometan la tarea de usar los medios electrónicos para vender, este comercio se diversificará más.

Las compras por internet en América Latina se pagan de diversas formas, entre las que se destacan los depósitos en cuenta bancaria (52 por ciento), las transferencias (22) y los pagos contra entrega (24), la mayoría de los cuales no son métodos de pago en línea. Este hecho se explica porque muchos usuarios no tienen tarjetas de crédito o porque desconfían en usarlas para hacer compras electrónicas. Las tarjetas de crédito son usadas por 48 por ciento de los compradores, al igual que otros métodos de pago electrónico como MercadoPago de MercadoLibre (15 por ciento) y Paypal (menos de 5).

## BARRERAS E INHIBIDORES DEL COMERCIO ELECTRÓNICO

A pesar del crecimiento del comercio electrónico, aún queda mucho espacio por conquistar, debido a que la mayoría de los usuarios no compran por internet y a que muchos de ellos compran menos de lo que podrían, por desconfianza y porque la oferta es limitada. Se pueden identificar cuatro grupos principales de barreras e inhibidores del comercio electrónico: medios de pago limitados, desconfianza en las compras por internet, aspectos sociales y oferta limitada. No se incluye un quinto grupo relacionado con el ciclo económico debido a que, en algunas oportunidades, en lugar de ser una barrera, se convierte en una oportunidad para las empresas que venden por internet.

Cuadro 5.2
Barreras para el comercio electrónico

| MEDIOS DE PAGO | DESCONFIANZA | ASPECTOS SOCIALES | OFERTA LIMITADA |
|---|---|---|---|
| POCA BANCARIZACIÓN (CERCANA AL 60% DE LA POBLACIÓN) <br><br> ESCASA PENETRACIÓN DE LAS TARJETAS DE CRÉDITO (MENOS DEL 25%) | DESCONFIANZA EN DIVERSOS ELEMENTOS: ENTREGA, CALIDAD DE LOS PRODUCTOS, PAGO ELECTRÓNICO | AUGE DE LOS CENTROS COMERCIALES <br><br> PREFERENCIA POR LAS COMPRAS PRESENCIALES | OFERTA NACIONAL LIMITADA <br><br> OFERTA INTERNACIONAL LIMITADA POR BARRERAS COMERCIALES Y CAMBIARIAS |

Los medios de pago son una barrera importante porque limitan el número de usuarios de internet que tienen la posibilidad de pagar. Todavía muchos sitios aceptan solamente pagos con tarjetas de crédito. El aumento de los usuarios con tarjeta de crédito es un fenómeno que depende de una mejoría sostenida de las condiciones generales de la economía, que a corto plazo no cambian de forma considerable. Esto indica que un negocio que desea vender por internet a los consumidores debe considerar otras formas de pago para llegar a un mercado mayor, si esa es su meta.

La desconfianza es otra barrera importante que no se limita a los medios de pago, como podría pensarse, sino al propio mecanismo de las ventas electrónicas, en las que las compras se realizan a distancia. Los consumidores temen que el proveedor no envíe un producto que satisfaga sus expectativas de calidad (aspecto que mejora para productos de marcas reconocidas) o que los sistemas de despacho no sean efectivos. Si una empresa quiere tener éxito en su iniciativa de comercio electrónico, debe hacer importantes esfuerzos por generar confianza en los clientes: debe explicar claramente el proceso de la compra y permitir que los clientes accedan a la mayor cantidad posible de información (con fotografías, videos y especificaciones) sobre el producto que compran. La Web 2.0 ha ofrecido un gran aporte en este sentido, al permitir, en muchas tiendas por internet, que los clientes comenten sus experiencias. También es importante que el cliente tenga acceso al proveedor vía internet y por teléfono, con el objeto de aclarar dudas. Esta «tangibilización» del negocio en línea ha demostrado ser muy importante y ha hecho que algunas empresas puntocom tengan tiendas físicas.

Algunos aspectos sociales también han limitado el aumento de las compras electrónicas (desde el punto de vista de los clientes): los consumidores venezolanos, por razones de seguridad, visitan con frecuencia los centros comerciales, que se han convertido en importantes centros de entretenimiento. Esto, unido a los grandes costos y a la desconfianza en los servicios de envíos, hacen que los consumidores prefieran comprar personalmente los productos. Si se analiza con detenimiento esta conducta, hay pocos incentivos para comprar por internet. Como consecuencia de lo anterior es clave que una empresa que pretenda vender por internet ofrezca valor agregado a los clientes potenciales.

¿Cuáles serán las ventajas de comprar por internet? Disponibilidad 24 horas, entrega rápida sin tener que salir a la calle (lo que evita la inseguridad y el tráfico), precios competitivos, promociones especiales y productos exclusivos que no se venden en las tiendas, entre otras ventajas. Las empresas deben pensarlo bien y diseñar estrategias para persuadir a los clientes a que compren.

Finalmente, los internautas venezolanos encuentran pocas opciones para comprar, debido a que la oferta nacional es escasa y la internacional choca contra el muro del control de cambios y los costos asociados a la importación. La limitada oferta nacional tiene sus orígenes en algunas dificultades que enfrentan las empresas, tales como:

- Requisitos legales que desincentivan la creación de empresas.
- Ausencia de una legislación relacionada con la factura electrónica.
- Dificultades para desarrollar una tienda en internet (como la integración con medios de pago).
- Desconfianza en el servicio público de correo y altos costos de los servicios de encomiendas privados.
- Falta de conocimiento del medio electrónico por parte de los empresarios.

## POTENCIALIDADES DEL COMERCIO ELECTRÓNICO

Para una empresa que comienza, o incluso para un negocio en marcha que piensa ampliar su oferta a internet, el comercio electrónico brinda diversas ventajas que conviene conocer. Son potencialidades porque no serán ventajas hasta que la empresa logre traducirlas en beneficios para su negocio. Por los momentos, lucen muy atractivas en el papel y otras empresas han logrado convertirlas en verdaderas ventajas.

1 MAYOR ALCANCE GEOGRÁFICO. Este incluye no sólo el mundo, que muchas veces se convierte en una ventaja teórica por las barreras y dificultades que enfrenta el comercio internacional, sino lo más importante: el mercado nacional. Para muchas empresas pequeñas, internet permite vender en todo el país y llegar a ciudades donde por no tener presencia física le es muy difícil vender sus productos o servicios.

2 TIENDA 24 HORAS. Al estar en internet, un negocio está abierto las 24 horas del día, porque puede tomar órdenes y cobrar aunque no sea horario de oficina. Esto además viene acompañado de otros beneficios como la seguridad de no tener una tienda física expuesta a los robos.

3 CANAL ADICIONAL. Aun cuando un negocio ya esté en marcha y cuente con establecimientos comerciales, la tienda en línea es un canal más por medio del cual puede llegar a otros segmentos del mercado. Los jóvenes serán sin duda clientes potenciales para esta operación, así como los clientes que valoran la comodidad de realizar compras por internet.

**4** MENOS COSTOS. Una tienda en línea implica menos costos debido a los ahorros que se producen no sólo al automatizar ciertos procesos, sino al exigir menos personal e infraestructura. Esta ventaja se puede trasladar en parte a los clientes; como resultado, la oferta en internet tiene un atractivo que compensa las fuerzas adversas de las barreras y los inhibidores.

**5** MAYOR INFORMACIÓN A LOS CLIENTES. En algunos productos y servicios la decisión de compra implica grandes costos o riesgos. En estas categorías los clientes requieren la mayor cantidad y calidad de información para decidir; por ello, internet es un destino obligado de quienes compran una vivienda, un automóvil o un seguro, entre otros productos. Si un negocio está relacionado con un producto como estos, internet le brinda la oportunidad de apoyar a sus clientes en la búsqueda y el análisis de la información.

## ¿CÓMO HACER COMERCIO ELECTRÓNICO EN LATINOAMÉRICA?

Una empresa que desee colocar su oferta de productos o servicios en internet tiene diversas opciones, descritas a continuación, de mayor a menor dificultad e inversión requerida:

- DESARROLLAR UNA TIENDA PROPIA. Esta opción exige contratar una empresa especializada que desarrolle la tienda e integre la solución de pago del banco. También deberá contar con un nombre de dominio y un servicio de hospedaje. Es una alternativa que implica costos y conocimiento, por lo que es más recomendada para empresas medianas o grandes, así como para aquellas compañías que tendrán como negocio medular las ventas por internet.

- UTILIZAR SERVICIOS DE COMERCIO ELECTRÓNICO. Algunos proveedores ofrecen el *software* de comercio electrónico y los módulos necesarios para llevarlo a cabo a cambio de un pago periódico por su uso. Algunas veces es necesaria alguna adaptación y la empresa puede utilizar su propio dominio. En Venezuela no hay actualmente un proveedor importante de este tipo de servicios y el control de cambios limita las posibilidades de contratar estos servicios en el exterior por las dificultades para integrar las soluciones de pago.

- PUBLICAR LA OFERTA EN UN DIRECTORIO O SITIO DE COMERCIO ELECTRÓNICO. La empresa aprovecha una plataforma ya existente como Mercado-Libre, en la que puede publicar su catalogo y usar las opciones de pago disponibles a cambio de una comisión. En este sitio la empresa cuenta con la ventaja adicional de tener acceso a un conglomerado de compradores potenciales que ya utilizan este mercado para realizar sus compras. Es recomendable para empresas pequeñas que comienzan, porque no exige inversión.

## ELEMENTOS CLAVE DE UNA TIENDA EN LÍNEA

Una tienda en internet debe contar con seis elementos clave para convertir la mayor cantidad de visitas al sitio en ventas efectivas:

1 CATÁLOGO DE PRODUCTOS. Debe ser sencillo y contar con una estructura de categorías fácil de entender. Si los clientes no encuentran fácilmente los productos, no comprarán. También debe ofrecer información suficiente acerca de los productos disponibles de forma de facilitar el proceso de decisión de compra de los consumidores. Es recomendable incluir fotos y videos.

2 CARRITO DE COMPRAS. Debe ser fácil de entender y acceder desde cualquier sitio de la tienda. Los clientes deben estar seguros de los productos agregados en él y deben poder eliminarlos o modificarlos cuando lo deseen.

3 BUSCADOR. Un buscador debe permitir que los clientes encuentren lo que quieren lo más rápido posible. Algunos clientes usan la estructura de categorías del catálogo de productos y otros simplemente buscan lo que quieren.

4 HERRAMIENTAS DE MERCADEO INTERNO. La tienda debe lanzar promociones y ofertas, y destacar los productos nuevos o los más comprados de forma de llamar la atención de los visitantes.

5 OPCIONES DE SOCIALIZACIÓN. Las opiniones de otros compradores ayudan a tomar la decisión sobre la compra de un producto o a disipar la desconfianza en la tienda o el producto. Deben aprovecharse las opciones disponibles para incluir comentarios de compradores, así como la divulgación de recomendaciones en redes sociales como Facebook o Twitter.

6 INFORMACIÓN DE LA EMPRESA Y CONDICIONES. Es importante que los clientes sepan quién conduce la tienda y que encuentren datos reales de contacto que le den la confianza necesaria para comprar. También es recomendable incluir información sobre condiciones de compra, devoluciones y métodos de pago, y una sección de preguntas frecuentes.

A continuación se ofrecen algunas sugerencias para apoyar las iniciativas de comercio electrónico B2C:

1   ANUNCIARSE EN LOS MEDIOS ELECTRÓNICOS. Dependiendo de la categoría y la marca que gestiona la tienda, se podrán utilizar medios que incentivan la respuesta directa, como el correo electrónico, los medios sociales y la publicidad en buscadores.

2   EXPLOTAR EL POTENCIAL VIRAL. Permitir que los clientes compartan en las redes sociales los productos comprados o sus comentarios. Los clientes satisfechos son los mejores embajadores.

3   OFRECER PRODUCTOS ANCLA. Incluir en la oferta al menos un producto emblemático cuya relación precio-valor sea muy atractiva y sirva como experiencia de entrada a la tienda e, incluso, al comercio electrónico.

4   CUIDARSE DE LOS PRECIOS BAJOS. La competencia no debe limitarse a los precios bajos. Siempre habrá un proveedor con más capacidad para ofrecer los productos más económicos; una guerra de precios daña la rentabilidad del mercado. La ventaja competitiva debe centrarse en los productos y la calidad del servicio.

5   NO OFRECER LO QUE NO SE TIENE. No debe haber en el catalogo productos no disponibles, sobre todo si no está claro para los clientes que se trata de una compra por pedido o una precompra.

6   ACTUAR RÁPIDO. Mientras más rápido se despache, mejor. Muchos clientes que compran por internet no respiran hondo hasta que no les llega el producto. Hay que ayudar a que se calmen.

7   COMUNICAR. La clave es mantener un flujo de comunicación adecuado con los clientes. Son importantes los mensajes de notificación en las diferentes etapas del proceso (pedido, pago, despacho), pero no hay que abusar de ellos.

8   PREMIAR LA LEALTAD. Hay que mantener el contacto con los clientes que ya compraron, y ofrecerles promociones que los incentiven a comprar de nuevo.

### ▶▶▶ eShops de MercadoLibre

El portal de comercio electrónico MercadoLibre ofrece las eShops, páginas personalizadas en las que se agrupan todos los artículos publicados por un vendedor en MercadoLibre, que pueden ser localizadas en una dirección como http://eshops.mercadolibre.com.ve/TUAPODO. El apodo, en este caso, hace referencia al nombre del vendedor, lo que facilita la recordación por parte de los clientes.

Los principales beneficios de esta herramienta son los siguientes:

1 Página personalizada para promocionar los artículos listados por el vendedor.

2 Bajo costo de mantenimiento mensual.

3 Dirección propia en internet.

4 Facilidad de administración. El contratante contará con un administrador exclusivo que permitirá configurar fácilmente el eShop, sin la necesidad de tener conocimientos técnicos de diseño o programación. El administrador permite incluir logo propio, colocar un encabezado particular a la eShop, ingresar promociones y novedades, cargar páginas con contenidos propios y configurar la galería de fotos.

RESUMEN DEL CAPÍTULO

1 BUENAS EXPECTATIVAS. El comercio electrónico en América Latina creció más de 150 por ciento entre 2008 y 2011 y aún ofrece un potencial muy grande. En Venezuela los compradores en internet se duplicaron entre esos mismos años, lo que ofrece un mercado atractivo para iniciativas de comercio electrónico.

2 MÁS CONFIANZA. El comercio electrónico enfrenta cuatro barreras principales: poca penetración de medios de pago, desconfianza en las compras electrónicas, aspectos sociales y oferta limitada. La desconfianza viene perdiendo terreno e incluso se reduce considerablemente para los clientes que ya compraron, que se están convirtiendo en compradores habituales.

3 COMPRAS MÁS DIVERSIFICADAS. Los productos más comprados se diversifican en la medida en que el comercio electrónico se expande. Actualmente

los rubros más comprados son accesorios de computación, prendas de vestir, accesorios de teléfonos móviles, memorias portátiles, pasajes para viajes y entradas a espectáculos.

4 TIENDA ABIERTA. Las principales ventajas de tener una tienda en internet es acceder a mercados con mayor alcance geográfico, tener una tienda las 24 horas del día, ofrecer un canal adicional de ventas, ahorrar costos administrativos y ofrecer mayor información a los clientes para apoyar su decisión.

5 COMENZAR DESDE ABAJO. Los sitios de comercio electrónico o directorios son una buena manera de comenzar, sobre todo para las empresas pequeñas que quieren probar con los medios electrónicos pero no disponen de los recursos para un desarrollo propio.

## TRES PRÁCTICAS CLAVE

1 Comenzar con operaciones de pequeño alcance e ir aprendiendo a hacer comercio electrónico. Probar con sitios de comercio o directorios que permitan configurar una tienda con pocos recursos y tiempo.

2 Definir claramente antes de comenzar qué se va a vender, a quién se va a vender y cuál será la proposición única de valor en internet.

3 Premiar la lealtad, incentivar la recompra y establecer una comunicación fluida con los clientes.

## GLOSARIO

COMERCIO ELECTRÓNICO B2B: comercio entre dos empresas, generalmente en portales corporativos. Deriva del término en inglés *business to business*.

COMERCIO ELECTRÓNICO B2C: intercambio entre una empresa proveedora y sus clientes particulares, mediante sitios exclusivos o directorios. Deriva del término en inglés *business to consumer*.

COMERCIO ELECTRÓNICO C2C: comercio entre particulares mediante sitios de comercio electrónico como eBay o MercadoLibre. Deriva del término en inglés *consumer to consumer*.

PROPOSICIÓN ÚNICA DE VALOR: características de los productos y servicios que las empresas suministran a sus clientes, con la finalidad de generar una preferencia marcada por la marca o la empresa. Lleva implícito el concepto de diferenciación de la competencia.

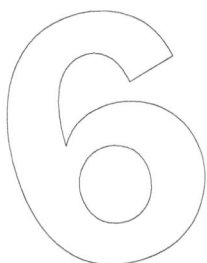

# El plan de negocios en internet

Nunzia Auletta

*Profesora y directora asociada del Centro de Emprendedores del IESA*

## EN INTERNET CON UN PLAN DE NEGOCIOS

Internet es una gran oportunidad para todos los emprendedores: los que sueñan con un negocio, los que se encuentran desarrollando su idea o los que ya tienen una actividad desde hace años. Las bajas barreras a la entrada y la multiplicidad de herramientas para incursionar en internet hacen que con frecuencia el emprendedor tome estas iniciativas de manera precipitada, sin ponderar adecuadamente los costos y beneficios de la presencia en la red y sin establecer claramente sus objetivos. Por ello, bien sea que la iniciativa esté completamente basada en internet o que se piense utilizar este espacio de mercado para ampliar el alcance de la operación, es indispensable desarrollar un plan de negocios.

El plan será de extrema utilidad para clarificar y desarrollar ideas, para evaluar la oportunidad y analizar el mercado en el que se opera, para establecer los procesos de operación y la tecnología necesaria, y para cuantificar el potencial de ventas y los recursos requeridos para comenzar. El plan de negocios permitirá contestar algunas preguntas fundamentales y compartir el análisis y la evaluación con los socios, los financiadores y el equipo gerencial.

Figura 6.1
Pasos del plan de negocios

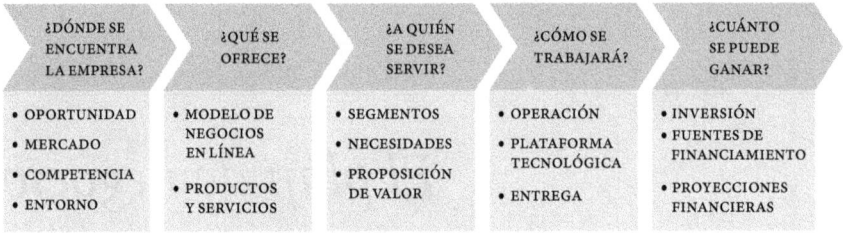

| ¿DÓNDE SE ENCUENTRA LA EMPRESA? | ¿QUÉ SE OFRECE? | ¿A QUIÉN SE DESEA SERVIR? | ¿CÓMO SE TRABAJARÁ? | ¿CUÁNTO SE PUEDE GANAR? |
|---|---|---|---|---|
| • OPORTUNIDAD<br>• MERCADO<br>• COMPETENCIA<br>• ENTORNO | • MODELO DE NEGOCIOS EN LÍNEA<br>• PRODUCTOS Y SERVICIOS | • SEGMENTOS<br>• NECESIDADES<br>• PROPOSICIÓN DE VALOR | • OPERACIÓN<br>• PLATAFORMA TECNOLÓGICA<br>• ENTREGA | • INVERSIÓN<br>• FUENTES DE FINANCIAMIENTO<br>• PROYECCIONES FINANCIERAS |

## ¿DÓNDE SE ENCUENTRA LA EMPRESA?

Internet es un entorno de negocios con menos restricciones geográficas y temporales que puede traducirse en oportunidades para innovar en los espacios de mercado, en la optimización de la operación de la empresa o en nuevas formas de mercadear los productos y servicios.

Internet es también una fuente infinita de información que debe aprenderse a utilizar para evaluar las oportunidades y analizar el entorno competitivo. Todo emprendedor que incursione en internet debe investigar a los actores relevantes del entorno de su negocio en la red: competidores, clientes, proveedores e intermediarios. En internet se puede encontrar información sobre cambios sociales, regulaciones, tecnología y otras variables que pueden afectar el diseño del negocio. Al mismo tiempo, deben considerarse los factores internos de la iniciativa, reflejados en los objetivos de negocios, las capacidades del equipo emprendedor y los recursos disponibles relacionados con el esfuerzo en la red.

Figura 6.2
El entorno de los negocios

Fuente: adaptado de Timmons y Spinelli (2009) y Stokes y Wilson (2006).

## COMPETIDORES

Para conocer la posición de una empresa en internet, un primer ejercicio consiste en utilizar un motor de búsqueda, como Google, e introducir las palabras clave que los potenciales clientes utilizarían. Los resultados de la lista indicarán el posicionamiento orgánico de los competidores, mientras que los *adwords* (los avisos pagados que aparecen en el lado izquierdo) permitirán conocer el esfuerzo que están realizando para promoverse en la red. Una visita al sitio web de las primeras tres referencias de la lista permitirá conocer su proposición de valor en línea, el diseño del espacio de relación con el cliente, el catálogo de productos o servicios, las formas de contacto, las ofertas específicas y los espacios transaccionales (compra-venta-pago). Es importante analizar en qué grado se interactúa y se crea una comunidad con los clientes para evaluar si se trata de una estrategia 2.0, si existe una comunidad creada alrededor de la categoría y si el papel de los clientes o usuarios es activo.

FACTORES CLAVE: *posición actual en la red* (page rank, *número de visitas), proposición de valor en línea, diseño del sitio web, catálogo de productos y servicios, formas de contacto y registro, prácticas de servicio al cliente, tipo de transacciones y espacios de interacción.*

## CLIENTES

El alcance masivo de la red puede llevar a considerar que «todo el mundo» podría ser un potencial cliente, sin tomar en cuenta el perfil específico de los clientes más atractivos (personas o empresas), aquellos que tienen el mayor potencial de demanda, lealtad y referencia. Deben investigarse sus necesidades insatisfechas, grados de satisfacción y hábitos de compra. La presencia activa de potenciales clientes en blogs, grupos de consumidores y redes sociales puede dar información valiosa sobre cómo evalúan las ofertas actuales, y sobre sus quejas, sugerencias, estilos de vida y expectativas.

FACTORES CLAVE: *descripción demográfica (personas: edad, sexo, ocupación, educación; empresas: sector económico, tamaño, poder de negociación), hábitos de compra o formas de contratación, ubicación, servicios deseados y grado de satisfacción al que se aspira, espacios de reunión y discusión en la red.*

## PROVEEDORES E INTERMEDIARIOS

Una gran variedad de proveedores —empresas que ofrecen productos y servicios indispensables para la operación— e intermediarios —empresas que permiten el contacto con el mercado potencial—pueden convertirse en aliados indispensables para el éxito del negocio y deben evaluarse en función de su contribución a la cadena de valor. Entre los proveedores se encuentran los de plataformas, programas y equipos informáticos, hospedaje, servicio técnico y de conexión, así como los diseñadores web, los productores de contenidos, los desarrolladores de aplicaciones, los vendedores de espacios publicitarios y los *media center*, entre otros. También deben identificarse a los proveedores que darán apoyo al negocio fuera de la red, como fabricantes de productos que se desee comerciar, empresas de logística y transporte, servicios financieros y medios de pago.

FACTORES CLAVE: *conocer, de cada proveedor o intermediario, su papel, experiencia y alcance, oferta de productos y servicios, usos de tecnología, potencial de migración y ampliación, condiciones de contratación y costos, garantías y servicios posventa, confiabilidad del servicio y referencia de clientes.*

### VARIABLES DEL ENTORNO DE NEGOCIOS

Son muchas las variables externas al negocio que se pueden considerar, comenzando por los aspectos económicos, que deben ser vistas con la mirada puesta en el entorno nacional o regional al que la red da acceso: inflación, tasas de cambios, crecimiento del consumo y cualquier otro factor que pueda influir sobre la demanda, la oferta, la adquisición de bienes y servicios, o los costos de operación. La tecnología es un factor que cambia aceleradamente en la red; afortunadamente la reciente experiencia de la «nube», en la que las plataformas tecnológicas se hacen accesibles como servicios, puede disminuir la inversión necesaria y ofrecer gran flexibilidad. La mayor conexión y disponibilidad de información ha generado cambios en la forma de socializar, en el desarrollo de habilidades de manejo de información y de trabajo multidisciplinario, y en la forma en la que los clientes o consumidores toman sus decisiones de compra. Por último, el entorno legal establece las fronteras en las que se puede operar, las responsabilidades y las obligaciones.

FACTORES CLAVE: *identificar y evaluar las variables de mayor impacto sobre el negocio en términos de costos, demanda y oferta; cambios en el comportamiento de clientes y consumidores, potencial de crecimiento, flexibilidad y requisitos legales.*

### ANÁLISIS INTERNO

En dónde está la empresa dependerá de la combinación de objetivos de negocios, capacidad del equipo emprendedor y gerencial, y disponibilidad de recursos. Bien sea que internet signifique la ampliación del negocio actual o el centro de la estrategia, se debe evaluar en qué medida la red apoya el alcance de los objetivos —ventas, participación de mercado, crecimiento, rentabilidad, etc.—, en qué medida el equipo emprendedor posee las competencias necesarias para trabajar en la red y si la empresa cuenta con los recursos financieros, humanos y tecnológicos requeridos.

FACTORES CLAVE: *enunciar claramente los objetivos alcanzables en internet; evaluar las competencias y la habilidad del equipo emprendedor para operar en la red; proyectar los necesidades de recursos para el negocio en línea.*

## ¿QUÉ SE OFRECE?

Una vez comprendidos el mercado y el entorno, se debe desarrollar la idea de negocio: la proposición de valor que diferenciará a una empresa de su competencia, que le permitirá ofrecer algo nuevo y atractivo para sus clientes potenciales.

En la red se pueden identificar muchas oportunidades, como servir a segmentos que resultarían poco atractivos por su pequeño tamaño o por la dificultad de acceder a ellos. También se puede optimizar y acelerar la operación, mediante la automatización de los procesos de atención al cliente o de la entrega de servicios. Así mismo se puede hacer más eficiente el mercadeo, con el desarrollo de bases de datos, de una mejor comunicación con el cliente o de un canal de distribución más directo y conveniente.

Sin embargo, antes de decidir si invertir en un sitio web, en las redes sociales o en una campañas de *banners*, es indispensable que la empresa se plantee cuál es el modelo de negocios que desea desarrollar. En palabras simples, de qué manera piensa aprovechar las oportunidades para crear valor en la red, a quién está dirigido ese valor, cómo se comunica, y quién y cómo paga por él.

Aunque existen numerosos modelos (Bambury, 2006; Timmers, 1998), aquí se presentarán algunos de los más comunes.

### TIENDA EN LÍNEA

Es un espacio virtual en el que la empresa ofrece su catálogo de productos o servicios, y el cliente compra mediante sistemas de carritos de compra y medios de pago electrónicos. Las principales ventajas para la empresa son la reducción de costos de comercialización y la ampliación del acceso al mercado. Para los usuarios las ventajas radican en precios más convenientes, mayor variedad de la oferta y mejores condiciones de la compra y la entrega. Los ingresos se derivan de la venta directa de productos propios o de terceros.

Factores clave: *ofertas competitivas, manejo eficiente del inventario, red confiable de proveedores, sistema de entrega garantizada al cliente, sistemas de pago seguro, referencias de terceros y comentarios de clientes.*

### Mercado en línea

Se trata de un mercado en la web en donde vendedores y compradores hacen sus ofertas, en una subasta con criterios preestablecidos que favorecen la transparencia y la seguridad. Los mercados en línea ponen a disposición de los usuarios asistencia para las transacciones, referencias de los vendedores y los compradores y seguridad de los medios de pago. Los ingresos resultan de una tarifa por los anuncios, de una comisión por las transacciones realizadas o de la venta de espacios publicitarios o de resaltados.

Factores clave: *funcionalidad de la plataforma, registro de vendedores y compradores, referencias y calificaciones de los usuarios, seguridad de las transacciones.*

### Servicios en línea

Es un espacio de atención al cliente en el que se ofrece acceso a servicios de manera directa, sin limitaciones de horario y lugar. Puede tratarse de una oferta autogestionada por el cliente, en el que se evita la intermediación de agentes o sucursales, o puede ser un espacio de asesoría y soporte a distancia. Estos sistemas ponen a disposición de los usuarios un menú de servicios, asistencia a las transacciones e información oportuna para la toma de decisiones, en un ambiente de seguridad para los usuarios. Los ingresos se obtienen de una comisión por las transacciones realizadas o de la venta de servicios, pero sobre todo deben contabilizarse los ahorros en costos que resultan de la apertura de un canal alternativo para servir a los clientes de la empresa.

Factores clave: *funcionalidad de la plataforma, seguridad, registro de usuarios, base de datos y CRM, eficiencia de procesos, respuesta de los servicios de apoyo, medición de satisfacción, medición de uso.*

### Contenidos

Espacios que proporcionan contenidos noticiosos o especializados, dirigidos a una audiencia determinada. El modelo puede basarse en contenidos generados por la misma empresa, como lo hacen los medios de comunicación, las consultoras o las empresas de investigación. También puede tratarse de contenidos generados por terceros, de acuerdo con modelos cooperativos, de comunidad de usuarios o de consolidación. Si se decide que los contenidos sean de uso gratuito, los ingresos pueden obtenerse de la venta del espacio publicitario (*banners* de diferentes medidas y ubicaciones, enlaces patrocinados, videos u otras opciones). Si los contenidos son exclusivos, los ingresos pueden derivar de la suscripción de los usuarios o de la venta de documentos, con un impulso promocional de prueba gratuita inicial. Es posible también un modelo mixto.

FACTORES CLAVE: *contenidos relevantes, multimedia, captación de audiencia, perfil de lectores, estudios de analíticos de tráfico, negociación de espacios (CPM, CTR, CPA), tipo de servicios para los suscriptores, bases de registrados y CRM.*

*BUSINESS-TO-BUSINESS*

Son espacios de servicio y transacciones entre empresas en una relación cliente-proveedor establecida en un contrato de servicio, con el fin de facilitar las operaciones y establecer una atención directa. El proveedor puede centrar su oferta en la agregación de valor en los procesos de producción, en aspectos relacionados con la procura, la gestión de inventario y la logística. También puede contribuir a la mayor eficiencia de la operación gracias el apoyo tecnológico o la tercerización de actividades administrativas.

FACTORES CLAVE: *negociación del contrato con clientes y proveedores, tipos de servicios y control, tipos de personalización, intercambio tecnológico, compatibilidad de plataformas, protocolos de seguridad y privilegios de acceso, logística de apoyo.*

Se debe ser muy cuidadoso en la definición de la idea y del modelo de negocios. La facilidad de la interacción y las múltiples modalidades de intercambio de valor —de productos, servicios, información, ideas o creatividad— que permite internet, puede llevar a sobrestimar el potencial de negocios y subestimar las dificultades, la fuerza de la competencia y los costos. Sólo un modelo de negocios definido, una idea original que se diferencie claramente de la competencia y que puede ser el resultado de la combinación de elementos de varias opciones de negocios en la red, permitirá comprender qué se es capaz de ofrecer al mercado y encontrar la forma de monetizar el esfuerzo.

Al enunciar el modelo de negocio se deben contestar de manera general las siguientes preguntas:

- ¿Qué valor se ofrece al mercado y cómo se diferencia de la competencia?
- ¿Quiénes son los clientes y usuarios que pueden estar interesados en ese valor?

- ¿Cómo funcionará la cadena de valor de la empresa?
- ¿Cómo se generarán los ingresos?
- ¿Cuál será la estrategia competitiva?

## ¿A QUIÉN SE DESEA SERVIR? EL PLAN DE MERCADEO

El plan de mercadeo debe profundizar el análisis de los segmentos de mercado que se pueden encontrar en internet, a sabiendas de que para cada negocio las variables de segmentación relevantes pueden ser diferentes. Por ello hay que preguntarse si las diferencias demográficas —edad, sexo, educación, ocupación—, socioeconómicas —definidas desde los estratos con mayor poder adquisitivo hasta los segmentos populares—, de perfiles psicográficos —actitudes, valores, estilos de vida—, y conductuales —hábitos de compra, beneficios buscados, lealtad de marca, frecuencia de compra y uso— determinan formas distintas de buscar información, de decidir acerca de productos y servicios y de utilizarlos, en la categoría con la que se trabaja.

Figura 6.3
El plan de mercadeo

Una vez identificados, los segmentos deben evaluarse, para seleccionar el mercado objetivo o *target* hacia el cual se dirige la oferta o proposición de valor.

El atractivo de un segmento dependerá de su tamaño y de su potencial de generar demanda, de su estabilidad en el tiempo y su potencial de crecimiento, así como de su accesibilidad en la red.

Para calcular el tamaño del mercado se debe partir de la población objetivo y aplicarle variables de segmentación para llegar al mercado potencial. Si se piensa en ofrecer un curso de formación en línea para emprendedores, el primer paso es determinar el perfil del público objetivo —por ejemplo: mujeres con acceso a internet, con intención de emprender, entre 25 y 50 años, y pertenecientes a los segmentos populares de la población—.

El segundo paso consiste en buscar las fuentes de datos de cada variable: estadísticas poblacionales y socioeconómicas, y estudios sobre penetración de internet y sobre disposición a emprender. Por último, se multiplica la población total del país por cada factor de reducción; en el caso de Venezuela, de 29 millones de habitantes se llega a un aproximado de 206 mil mujeres del perfil deseado, que representan el mercado potencial pero no la proyección de ventas del negocio, que se puede alcanzar después de haber definido con más detalles la mezcla de mercadeo.

Cuadro 6.1
Ejemplo de segmentación del mercado:
curso en línea para mujeres emprendedoras de los sectores populares

| VARIABLES DE SEGMENTACIÓN | % | TAMAÑO (MILES) |
|---|---|---|
| POBLACIÓN TOTAL DE VENEZUELA | 100 | 29.000 |
| MUJERES | 49,70 | 14.413 |
| CON ACCESO A INTERNET | 37,60 | 5.419 |
| CON INTENCIÓN DE EMPRENDER | 28,00 | 1.517 |
| EDAD: 25 A 50 AÑOS | 33,20 | 504 |
| SEGMENTOS D Y E+ | 40,90 | 206 |
| TOTAL MERCADO POTENCIAL | | 206 |

## DIFERENCIACIÓN Y POSICIONAMIENTO

El siguiente paso es establecer en qué se diferenciará la oferta: qué hace que la proposición de valor —productos, servicios, contenidos o comunidades— sea única y pueda ser preferida a la de la competencia. Un caso exitoso de diferenciación en América Latina es MercadoLibre (mercadolibre.com), un mercado virtual que ha tenido que diseñar su oferta en función de satisfacer las expectativas de los vendedores —visibilidad, bajos costos de transacción y asesoría— y de los compradores —variedad, seguridad y referencias—, para construir lo que su director de Mercadeo, Nicolás Berman, define como «una plataforma de gran valor social y económico en América Latina».

Los atributos de la oferta diferenciada son a su vez la base para la estrategia de posicionamiento, es decir, la forma en que se quiere que la marca, la empresa o la oferta sean percibidas por el mercado objetivo. El posicionamiento debe ser claro y único, y debe contener la conexión con el mercado objetivo, la categoría de referencia y la promesa central. Si bien a primera vista muchas redes sociales pueden parecerse, cuando se analiza con más detalle su posicionamiento se advierten las diferencias.

Cuadro 6.2

El posicionamiento de las redes sociales

| RED SOCIAL | POSICIONAMIENTO | PÚBLICO |
|---|---|---|
| FACEBOOK | Conectarse y compartir con la gente | Inicial: estudiantes universitarios<br>Actual: ampliado a los *baby boomers* |
| MYSPACE | El destino de entretenimiento social impulsado por la pasión de los fanáticos | Generación Y<br>(los nacidos después de 1980) |
| YOUTUBE | Acceso rápido y fácil a videos; posibilidad de que los usuarios compartan sus creaciones | Inicial: jóvenes<br>Actual: ampliado a los adultos |
| LINKEDIN | Mantenerse informado acerca de los contactos profesionales y la industria | Profesionales |
| TWITTER | Mantenerse conectado gracias a la respuesta frecuente y rápida a la pregunta «¿Qué pasa?» | Adultos jóvenes |

*LA MEZCLA DEL MERCADEO EN LÍNEA*

Las «cuatro P» (producto, precio, plaza y promoción) son la caja de herramientas para concretar la proposición de valor al mercado. Hay que pensar en ellas como las cuatro patas de una misma mesa, a sabiendas de que si una de ellas se mueve o se cambia, sin realizar los debidos ajustes y revisiones en las otras, la mesa de la oferta de mercadeo se podría tambalear.

En la Web 2.0, las cuatro P asumen nuevas dimensiones de inmediatez, flexibilidad, interactividad y personalización, en un ambiente dominado por los usuarios, con amplio acceso a información comparativa y variedad de oferta.

Cuando se piensa en el producto o el servicio que se ofrecerá, el primer aspecto que hay que determinar es si se tendrá una marca única o si se desarrollarán marcas individuales por productos o líneas. Los atributos del producto o servicio, y eventualmente la comparación con los competidores, deben estar claramente especificados para superar la intangibilidad en la red y aminorar los riesgos percibidos por el cliente. También hay que decidir la variedad que se desea ofrecer, en función del poder adquisitivo de diferentes segmentos de mercado con necesidades específicas. En muchos casos es aconsejable recurrir a la personalización, con el fin de ajustar mejor la oferta a los clientes y evitar una excesiva amplitud del catálogo. En los servicios, es necesario optimizar los procesos, gracias a los recursos tecnológicos que ofrece internet. Así mismo, se puede enriquecer la oferta, gracias a la combinación de productos complementarios o accesorios, así como a paquetes en oferta especial. Este es el caso de Despegar (despegar.com), que se define como una agencia de viajes especializada en obtener el mejor precio del mercado, cuya oferta incluye desde boletos aéreos individuales, hasta diversas combinaciones (boleto+hotel o auto) o paquetes «todo incluido».

Cuadro 6.3
Las «Cuatro P» del mercadeo en línea

| PRODUCTO O SERVICIO | PRECIO | PLAZA | PROMOCIÓN |
|---|---|---|---|
| • MARCA<br>• ATRIBUTOS<br>• VARIEDAD<br>• PERSONALIZACIÓN<br>• PROCESOS<br>• OFERTAS ATADAS (COMBOS)<br>• PRODUCTOS ACCESORIOS | • COSTOS<br>• SENSIBILIDAD DEL CONSUMIDOR<br>• POSICIONAMIENTO DE MARCA<br>• PRECIOS DE LA COMPETENCIA<br>• PRECIOS DE «ÚLTIMO MINUTO»<br>• PRECIOS DE LEALTAD<br>• SUBASTAS<br>• SUSCRIPCIÓN<br>• TARIFAS | • ESPACIO VIRTUAL<br>• NAVEGABILIDAD Y USABILIDAD<br>• GENERACIÓN DE TRÁFICO<br>• REGISTRO Y BASE DE DATOS<br>• LOGÍSTICA DE ENTREGA<br>• TRANSACCIONES ELECTRÓNICAS | • DOMINIO Y MARCA<br>• PUBLICIDAD EN LÍNEA<br>• RELACIONES PÚBLICAS<br>• CORREO ELECTRÓNICO<br>• *NEWSLETTERS*<br>• BLOGS Y FOROS<br>• REDES SOCIALES |

Fijar precios en internet es particularmente complejo, debido a la gran rivalidad y la rápida reacción de los competidores. A esto se suman los factores tradicionales como los costos, la sensibilidad al precio del consumidor y la compatibilidad de los precios con el posicionamiento de la marca. La red permite flexibilizar o personalizar precios con ofertas «de último minuto» que premien la lealtad del cliente, reconocido automáticamente gracias a la tecnología en línea. También se puede pensar en mecanismos de subasta, suscripción o tarifas por servicios, siempre que sean pertinentes para el modelo de negocios.

El sitio web es el principal canal de distribución; su diseño, identidad (*look&feel*) y estructura son decisiones centrales que no deben delegarse. Entre los aspectos que se deben cuidar destacan la «navegabilidad» (el usuario se puede mover por el sitio web de manera fácil e intuitiva), y la «usabilidad» (el usuario encuentra lo que necesita, realiza las transacciones, busca información o intercambia ideas con pocos y sencillos pasos y a la velocidad deseada).

Así como sucede con una tienda física, no sirve tener un hermoso sitio web si nadie lo visita. Entender los procesos de posicionamiento en los motores de búsqueda, la potencialidad de vínculos con otros sitios aliados o afiliados, la afinación de palabras clave y la indexación de las páginas, así como la efectividad de *banners*, *adwords* y vínculos pagados, son acciones indispensables de una estrategia articulada de *web marketing* y optimización de motores de búsqueda (SEO). Una vez logrado el tráfico, se debe capitalizar el contacto ofreciéndoles a los clientes un proceso de registro sencillo que enriquezca la base de datos.

Si el negocio se fundamenta en un modelo de comercio electrónico, es indispensable facilitar las transacciones electrónicas en un ambiente de seguridad, y poner particular atención a los procesos logísticos de gestión de inventario y entrega de productos, que incluyen el sistema de rastreo, la garantía y la devolución que aminoren la percepción de riesgo del cliente.

La promoción en internet es tal vez el ámbito en el que más fácilmente se puede incursionar, dada la variedad de herramientas a disposición, desde los tradicionales *banners*, mensajes por correo electrónico y noticias, hasta las múltiples modalidades de presencia en las redes sociales. Lo que importa, en todo caso, es no precipitarse en una campaña de comunicación sin un objetivo específico ni un mensaje claro y consistente, así como sin un presupuesto controlado en función de la efectividad de las herramientas utilizadas, que pueden ser medidas de manera confiable con una herramienta de analíticos.

Para facilitar la elaboración del plan de mercado es útil contestar las siguientes preguntas:

- ¿Qué perfil tiene el público objetivo y cuál es el tamaño del mercado potencial?
- ¿Qué aspectos pueden hacer a la oferta única y atractiva para los clientes?
- ¿Qué productos y servicios busca el cliente y cómo se pueden personalizar?
- ¿Qué mecanismos de fijación de precios permiten mantener la rentabilidad y superar a los competidores?
- ¿Cómo hacer del sitio web un espacio atractivo, interactivo y fácil de usar para los clientes?
- ¿Qué herramientas de comunicación resultan más efectivas para promocionar la oferta y mejorar la relación con los clientes?
- ¿Qué indicadores y estadísticas deben tenerse a disposición para medir la efectividad del mercadeo en línea?

El primer mandamiento de la operación en internet es «ser eficientes en costos», lo que implica racionalizar el uso de los recursos, automatizar los procesos, seleccionar la tecnología que mejor se ajuste al modelo de negocios y atender los aspectos tradicionales de la operación, como las decisiones sobre procesos, equipos, espacios físicos, proveedores, gestión de inventario y logística, que constituyen la cadena de valor.

La cadena de valor asume dimensiones diferentes en la medida en que se permita que el cliente tenga un papel central en la generación de valor, mediante actividades participativas y de codesarrollo que sustituyen las tradicionales actividades primarias, que se fundamentaban en una secuencia de actividades internas o simplemente transaccionales.

Figura 6.4
Cadena de valor 2.0

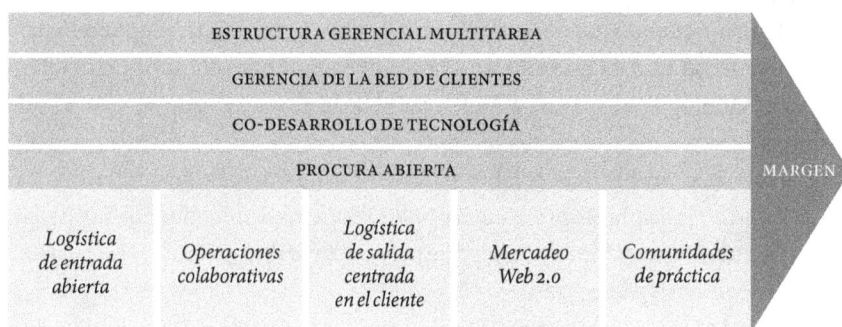

| ESTRUCTURA GERENCIAL MULTITAREA | | | | | |
| GERENCIA DE LA RED DE CLIENTES | | | | | |
| CO-DESARROLLO DE TECNOLOGÍA | | | | | |
| PROCURA ABIERTA | | | | | MARGEN |
| *Logística de entrada abierta* | *Operaciones colaborativas* | *Logística de salida centrada en el cliente* | *Mercadeo Web 2.0* | *Comunidades de práctica* | |

Fuente: adaptado de Comtesse y Huang (2008) y Porter (1985).

Si se toma el ejemplo de un periódico en línea, se pueden recorrer los diferentes pasos y poner en evidencia los cambios que puede generar la presencia en el ambiente 2.0. La logística de entrada, centrada antes en la recepción y almacenamiento de insumos para la operación (papel, tinta, noticias, imágenes) se abre a la colaboración del cliente en línea, que entrega materiales informativos y creativos que pueden ser utilizados en la operación.

A su vez, esta deja de ser una redacción cerrada en la que los periodistas trabajan con sus fuentes de manera individual, para producir artículos o reportajes, y se convierte en una plataforma de codesarrollo en la que los lectores o reporteros-ciudadanos producen contenidos que pueden ser compartidos en el sitio web del periódico.

La logística de salida o distribución sucede más allá de las fronteras del sitio web, gracias a la referencia y la generación de vínculos por parte de los lectores, que llevan los contenidos a espacios de discusión o de consolidación.

El mercadeo se desarrolla de manera viral, con vínculos en blogs y redes sociales que multiplican rápidamente la lectoría y el tráfico al sitio web. La relación con el lector, que antes se desarrollaba con cartas al director o reuniones ocasionales con los lectores, se mueve de la exclusividad de bases de datos internas a comunidades de práctica —grupos de personas que comparten un interés específico—, que discuten y amplían contenidos —reportes técnicos, eventos, recetas, deportes, pasatiempos—, en función de su aplicación a sus trabajos o aficiones. El tráfico, la visibilidad y el posicionamiento del sitio web generados por la formación de una comunidad en constante interacción hacen que las páginas del periódico (basado en el modelo de negocio de venta de publicidad) sean atractivas para los anunciantes que buscan llegar a públicos cada vez más perfilados y específicos.

Al mismo tiempo, las que antes eran calificadas como actividades de apoyo, administrativas y técnicas, se abren a la red y requieren un equipo gerencial con diversas habilidades, capaz de atender la red de lectores y comunidades. Las decisiones de tecnología que antes se centraban en la adquisición de equipos y programas se mueven hacia la colaboración en la «nube» (*cloud computing*), una modalidad en la que la empresa paga por los servicios de plataforma, hospedaje, bases de datos y conexión, sin tener que preocuparse de aspectos técnicos o de la gestión de equipos o licencias.

Esta revolución en la cadena de valor requiere un cambio de visión del diseño, la producción y la comercialización centrados en la empresa, para mover el foco a los usuarios de la red.

Para facilitar el diseño de la operación y de la cadena de valor es útil contestar las siguientes preguntas:

- ¿Cómo se obtendrán los insumos para la operación y quiénes pueden ser aliados o colaboradores en este proceso?
- ¿Cómo se diseña la operación para lograr la mayor eficiencia y flexibilidad?
- ¿Cómo hacer que los productos y servicios sean accesibles de manera oportuna y conveniente para los clientes?
- ¿Cómo desarrollar una cadena de comercialización que se beneficie de la cooperación de los usuarios de la red?

- ¿Cuánta atención y relación con el cliente se debe desarrollar?
- ¿Cuáles soluciones tecnológicas son las más convenientes para activar la cadena de valor?
- ¿Qué capacidades debe tener el equipo emprendedor y gerencial para administrar la operación en internet?

## ¿CUÁNTO SE PUEDE GANAR? LAS PROYECCIONES FINANCIERAS

Unos de los aspectos más delicados de una planificación de negocios en internet se refiere a las proyecciones financieras, que permitirán evaluar la rentabilidad del proyecto, en función de la inversión inicial requerida y del retorno que puede generar, así como de los ingresos o ventas proyectadas y de la estructura de costos que se pueda manejar.

Figura 6.5
Estados financieros

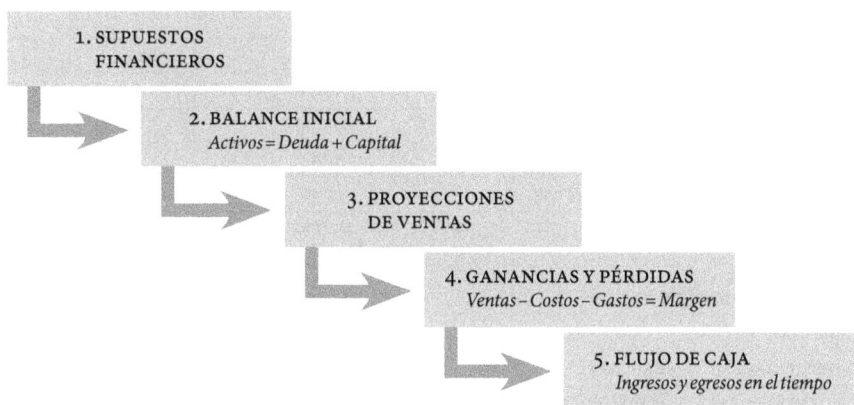

1. SUPUESTOS FINANCIEROS

2. BALANCE INICIAL
*Activos = Deuda + Capital*

3. PROYECCIONES DE VENTAS

4. GANANCIAS Y PÉRDIDAS
*Ventas – Costos – Gastos = Margen*

5. FLUJO DE CAJA
*Ingresos y egresos en el tiempo*

Son cinco los estados financieros que se deben desarrollar: estado de supuestos, balance inicial, proyecciones de ventas, estado de ganancias y pérdidas, y proyección de flujo de caja.

El estado de supuestos (activos, pasivos y capital, ventas proyectadas, costos y gastos) sienta las bases para todos los demás.

El balance inicial reflejará los recursos o activos que se necesitan para la operación de la empresa (efectivo, equipos, espacio físico, inventario de productos), así como el origen de esos recursos, que se serán pasivos si se financian con deuda, y capital si se financian con aportes de los socios.

Cuadro 6.4

Estado de supuestos para una tienda en línea

| | MESES 1 A 4 | MESES 5 A 10 | MES 11 | MES 12 |
|---|---|---|---|---|
| SUPUESTOS PARA LA PROYECCIÓN DE VENTAS | | | | |
| VENTAS ANUALES (DÓLARES) | 300.000 | | | |
| % CRECIMIENTO VENTAS MENSUALES | 12 | 25 | 50 | 71 |
| SUPUESTOS DE GANANCIAS Y PÉRDIDAS | | | | |
| COSTOS DE VENTAS (% SOBRE LAS VENTAS) | 30 | | | |
| GASTOS OPERATIVOS MENSUALES | | | | |
| SALARIO DE TRES GERENTES | 6.000 | | | |
| CINCO EMPLEADOS DE OPERACIÓN Y ADMINISTRACIÓN | 5.000 | | | |
| WEBMASTER | 1.800 | | | |
| CONDOMINIO INMUEBLE | 300 | | | |
| COMISIÓN DE LOS VENDEDORES AFILIADOS (% SOBRE LAS VENTAS) | 3 | | | |
| PUBLICIDAD Y PROMOCIÓN (% VENTAS) | 3 | | | |
| PERMISOS Y REGISTROS | 3.000 | | | |
| SUPUESTOS PARA EL BALANCE INICIAL | | | | |
| EFECTIVO | 40.000 | | | |
| EQUIPOS | 10.000 | | | |
| INVENTARIO INICIAL (PRODUCTOS) | 15.000 | | | |
| ORDEN MENSUAL DE INVENTARIO | 6.000 | 9.000 | 30.000 | 42.000 |
| OTROS ACTIVOS | 25.000 | | | |
| INMUEBLE | 80.000 | | | |
| CAPITAL (APORTE DE SOCIOS) | 156.000 | | | |
| DEUDA | 20.000 | | | |
| DEPRECIACIÓN (% MENSUAL) | 7 | | | |
| SUPUESTOS PARA EL FLUJO DE CAJA | | | | |
| COBRO DE VENTAS MENSUALES (% EN EL MISMO MES) | 100 | | | |
| PAGO DE GASTOS MENSUALES (% EN EL MISMO MES) | 100 | | | |
| PAGO DE LA DEUDA MENSUAL (% CON INTERESES) | 10 | | | |

Las proyecciones de ventas deben hacerse sobre la base del tamaño del mercado potencial que se prevé en el plan de mercadeo, tras una determinación realista de los objetivos comerciales en cuanto a ventas, penetración de mercado deseada y crecimiento. Los ingresos serán el resultado del modelo de negocios que se haya adoptado y podrán obtenerse esencialmente de la venta de productos o servicios, de contenidos, de espacios publicitarios o de comisiones sobre intermediación.

El estado de ganancias y pérdidas recogerá el resultado de la operación, en el que se contabilizarán las ventas y sus costos, cuya diferencia arroja el margen bruto; a éste se sustraen todos los gastos de operación, administrativos y financieros, y se obtendrá como resultado el margen neto o rentabilidad del período.

La proyección del flujo de caja es particularmente importante, porque permite planificar las maneras de lograr el equilibrio entre ingresos y egresos, para hacer frente a los compromisos recurrentes o esporádicos del negocio. Una de las mayores amenazas de los negocios en línea es el desfase entre ambos flujos, porque se sobrestiman los ingresos y la capacidad de monetizar el esfuerzo de negocios, o porque se subestiman los egresos. Igualmente el flujo de caja es el insumo para el cálculo del valor presente neto (VPN) del proyecto: el descuento de los flujos a una tasa que recoja el valor del dinero en el tiempo, el costo de oportunidad y los factores de riesgo derivados del entorno del negocio.

Una vez que se determinen las necesidades de fondos, se debe resolver qué fuentes se pueden utilizar: capital propio, aporte de inversionistas ángeles o fondos de capital de riesgo; o, si se trata de deuda, mediante préstamos de familiares, amigos o instituciones financieras.

Para facilitar las proyecciones financieras es útil contestar las siguientes preguntas:

- ¿Cuál es la inversión inicial requerida?
- ¿Cuáles son las ventas proyectadas y su crecimiento?
- ¿Cuál es la estructura de costos?
- ¿Qué gastos de operación y administrativos se deben enfrentar?
- ¿Cómo se proyecta el flujo de caja?
- ¿Cómo se financiará la inversión inicial y la operación?

## RESUMEN DEL CAPÍTULO

1 LOS CINCO PASOS DEL PLAN DE NEGOCIOS. Un plan de negocios debe responder cinco preguntas: dónde se encuentra la empresa, qué se ofrece, a quién se desea servir, cómo se trabajará y cuánto se puede ganar en el negocio.

2 ANALIZAR EL ENTORNO Y LOS FACTORES INTERNOS. Todo emprendedor que incursione en internet debe investigar a los actores relevantes del entorno de su negocio: competidores, clientes, proveedores e intermediarios. También debe considerar aspectos internos como los objetivos de negocio, las capacidades del equipo emprendedor y los recursos disponibles.

3  La proposición de valor frente a la competencia. Una idea de negocio debe determinar claramente cuál será la proposición de valor que diferenciará a la empresa de sus competidores, así como el modelo de negocios (tienda en línea, mercado en línea, servicios en línea, contenido o B2B —*business to business*—).

4  El plan de mercadeo. Para responder la pregunta «a quién se desea servir», debe elaborarse un plan de mercadeo que segmente las audiencias, determine el mercado objetivo y lo dimensione. Este plan debe establecer también en qué se diferenciará la proposición de valor de la competencia, para finalizar con un análisis de las llamadas «Cuatro P» del mercadeo.

5  La cadena de valor. El primer mandamiento de la operación en internet es ser eficientes en costos, lo que exige una comprensión de la cadena de valor del negocio y de las operaciones que la componen.

6  Las proyecciones financieras. Son cinco los estados financieros que se deben elaborar en este paso del plan de negocios: estado de supuestos, balance inicial, proyecciones de ventas, estado de ganancias y pérdidas, y proyecciones de flujo de caja.

## TRES PRÁCTICAS CLAVE

1  En la fase de desarrollo de una idea de negocios en internet, determinar con claridad cuál será el modelo de negocios. Debe prestarse particular atención a las fuentes de ingresos y a las posibilidades reales de monetización.

2  En el desarrollo de la estrategia de mercadeo no hay que descuidar el desarrollo de la marca, que puede coincidir con el dominio en la red. Sobre ella se podrá construir la proposición de valor y el posicionamiento único que permitirá desarrollar la relación con los clientes o consumidores.

3  Desarrollar con extremo cuidado las proyecciones financieras, con particular atención al flujo de caja, que será un elemento vital para sostener la iniciativa y para hacer frente a las exigencias de la operación.

## GLOSARIO

Cadena de valor: concepto desarrollado por Michael Porter (1985) centrado en el proceso de agregación de valor dentro de la empresa, que prevé una serie de actividades primarias —logística de entrada, operación, logística de salida, mercadeo y ventas, y servicios— y todas las actividades de apoyo que incluyen la gerencia de recursos humanos, los sistemas de información y tecnología, y la procura.

MODELO DE NEGOCIOS: arquitectura de los flujos necesarios para el desarrollo de productos, servicios e información, que incluye la descripción de los actores —empresa, proveedores y clientes— y de sus funciones, así como de los beneficios para cada uno de ellos y las fuentes de ingresos para el negocio.

POSICIONAMIENTO: término acuñado por Jack Trout y Al Ries (1992), que indica la percepción o espacio que una marca gana en la mente del mercado objetivo o *target*.

SEGMENTACIÓN: análisis del mercado que implica la identificación de variables que permitan agrupar a los consumidores en función de características comunes —variables demográficas y socioeconómicas—, estilos de vida y valores —variables psicográficas—, o comportamiento frente a la categoría de producto o servicio —variables conductuales—.

# Apéndice: El marco legal venezolano de los negocios electrónicos

Marizabel Fernández Suzzarini
Leonardo J. Rodríguez M.

*Microjuris de Venezuela, C.A.*

En Venezuela no se ha desarrollado un marco normativo específico para las actividades comerciales que se desarrollan en internet. No obstante, las empresas que poseen modelos de negocio virtuales, bien como las actividades principales de la empresa o como unidades complementarias, deben regirse por las leyes que regulan la actividad comercial y empresarial, en las áreas laboral, tributaria, administrativa, mercantil y cualesquiera otras relevantes a su ramo de actividad.

### LEY ORGÁNICA DE TELECOMUNICACIONES
*Gaceta Oficial No. 6.015, del 28 de diciembre de 2010, reimpresa en la No. 39.610, del 7 de febrero de 2011*

Esta ley regula las telecomunicaciones, para garantizar el derecho humano de las personas a la comunicación.

Entre los derechos de los usuarios de servicios de telecomunicaciones está el de contar gratuitamente con una guía actualizada de servicios, para cada ámbito geográfico, independientemente del operador que se trate.

Las personas interesadas en prestar uno o más servicios de telecomunicaciones al público o en explotar una red de telecomunicaciones, deberán solicitar ante la Comisión Nacional de Telecomunicaciones (Conatel) los permisos correspondientes por escrito.

Adicionalmente, Conatel podrá ordenar el cese de actividades, temporal o definitivo, a quien instale, opere o explote servicios de telecomunicaciones que requieran permisos y no cuenten con ellos; por ejemplo, los servicios de acceso a internet que operan en condominios o urbanizaciones.

## LEY ORGÁNICA DE CIENCIA, TECNOLOGÍA E INNOVACIÓN
*Gaceta Oficial No. 39.575, del 16 de diciembre de 2010*

Esta ley ofrece algunas oportunidades de negocios, pues fomenta la aplicación de conocimientos populares y académicos —fundamentados en el ejercicio de la soberanía nacional, la democracia participativa y protagónica, la justicia y la igualdad social, el respeto al ambiente y la diversidad cultural—, para solucionar problemas concretos de la sociedad y permitir el libre acceso a las tecnologías de información.

Esta ley sienta las bases para regular la generación de contenidos en la red, y para proteger la confidencialidad de los datos electrónicos obtenidos por los organismos públicos.

## LEY DE REFORMA PARCIAL DE LA LEY DE RESPONSABILIDAD SOCIAL EN RADIO, TELEVISIÓN Y MEDIOS ELECTRÓNICOS
*Gaceta Oficial No. 39.579, del 22 de diciembre de 2010, reimpresa en la No. 39.610, del 7 de febrero de 2011*

En esta norma se establece la responsabilidad social de los prestadores de los servicios de radio y televisión, los proveedores de medios electrónicos, los anunciantes, los productores nacionales independientes y los usuarios en la difusión y recepción de mensajes para impulsar el equilibrio entre sus deberes, derechos e intereses, y contribuir con la formación de la ciudadanía, la democracia, la paz, los derechos humanos, la cultura, la educación, la salud y el desarrollo social y económico de la nación, de conformidad con las normas y principios constitucionales de la legislación para la protección integral de los niños, niñas y adolescentes, la cultura, la educación, la seguridad social, la libre competencia y la Ley Orgánica de Telecomunicaciones.

La ley se aplica a todo texto, imagen o sonido cuya difusión y recepción tengan lugar en el territorio de la República, mediante radio, televisión, difusión por suscripción o medios electrónicos. Conatel está facultada para regular y promocionar la investigación en comunicación y difusión de mensajes en cualquier medio, lo que representa un claro nicho de oportunidad de desarrollo de negocios.

La ley prohíbe expresamente los mensajes que inciten o promuevan el odio y la intolerancia por razones religiosas, políticas, por diferencia de sexo, por racismo o xenofobia; inciten, promuevan o hagan apología al delito; constituyan propaganda de guerra; fomenten zozobra en la ciudadanía o alteren el orden público; desconozcan a las autoridades legítimamente constituidas; induzcan al homicidio; o inciten o promuevan el incumplimiento del ordenamiento jurídico vigente.

Los proveedores de medios electrónicos deberán tener mecanismos para restringir la difusión de los mensajes prohibidos y serán responsables por los que hayan sido transmitidos. De lo contrario, serán multados hasta por el cuatro por ciento de sus ingresos brutos y sus responsables también serán multados por hasta 250 unidades tributarias cuando violen estas prohibiciones.

## LEY DE MENSAJES DE DATOS Y FIRMAS ELECTRÓNICAS
*Gaceta Oficial No. 37.148, del 28 de febrero de 2001*

Esta ley tiene por objeto otorgar y reconocer eficacia y valor jurídico a la firma electrónica, al mensaje de datos y a toda información inteligible en formato electrónico, independientemente de su soporte material, atribuible a personas naturales o jurídicas, públicas o privadas, así como regular todo lo relativo a los proveedores de servicios de certificación y los certificados electrónicos.

En el artículo 4 se establece un principio importante: la información contenida en un mensaje de datos surte los mismos efectos jurídicos que si estuviese reproducido en papel. Además, la firma electrónica que permita vincular al suscriptor del mensaje de datos y atribuirle la autoría tendrá la misma validez y eficacia probatoria que la ley otorga a la firma manuscrita. Las firmas electrónicas son archivos digitales personalizados y certificados que se deben comprar a un ente certificador debidamente autorizado por la superintendencia correspondiente.

Igualmente, se permite el uso de los mecanismos autorizados por esta ley, como el acuse de recibo de un mensaje de datos, para el cumplimiento de ciertas solemnidades o formalidades y, cuando para determinados actos o negocios jurídicos la ley exija la firma autógrafa, ese requisito quedará satisfecho en relación con un mensaje de datos al tener asociado una firma electrónica.

## LEY ESPECIAL CONTRA LOS DELITOS INFORMÁTICOS
*Gaceta Oficial N° 37.313, del 30 de octubre de 2001*

Esta ley protege de forma integral los sistemas que utilicen tecnologías de información, así como la prevención y sanción de los delitos cometidos contra tales sistemas o cualesquiera de sus componentes, o de los cometidos mediante el uso de esas tecnologías.

Se prevé la sanción para las empresas, en cabeza de sus gerentes, administradores, directores o dependientes, que actúen en nombre y representación de la empresa, que responderán de acuerdo con su participación. Igualmente, la empresa será sancionada en los casos en que el delito haya sido cometido por decisión de sus órganos, en el ámbito de su actividad, con sus recursos o en su interés exclusivo, con multas por el doble del monto establecido para el respectivo delito.

Así pues, entre los delitos estipulados en esta ley se cuentan la reproducción, modificación, copia, distribución o divulgación de programas de computación u obras intelectuales, sin permiso o licencia, que se hayan obtenido por uso de tecnologías de información. Las sanciones son multas de 100 a 500 unidades tributarias. Por el acceso indebido la pena será de 10 a 50 unidades tributarias, por sabotaje o daño a sistemas la multa es de 400 a 800 unidades tributarias y si los daños son causados por virus la multa oscila de 500 a 1.000, entre otros.

Adicionalmente a las penas previstas, se podrán imponer el decomiso de equipos, instrumentos y herramientas utilizados para la comisión del delito de espionaje informático y para falsificaciones; la prestación de trabajos comunitarios y la suspensión del permiso para operar o para ocupar cargos directivos y de representación de empresas de tecnologías de información, hasta por tres años.

## ARTÍCULO 54 DE LA LEY DE REFORMA PARCIAL DEL DECRETO NO. 5.189, CON RANGO, VALOR Y FUERZA DE LEY QUE ESTABLECE EL IMPUESTO AL VALOR AGREGADO
*Gaceta Oficial No. 38.632, del 26 de febrero de 2007*

La Administración Tributaria podrá sustituir la utilización de las facturas en los términos previstos en esta ley por el uso de sistemas, máquinas o equipos que garanticen la inviolabilidad de los registros fiscales, así como establecer sus características, requisitos y especificaciones. Asimismo, la Administración Tributaria podrá establecer regímenes simplificados de facturación para aquellos casos en que la emisión de facturas en los términos de esta ley pueda dificultar el desarrollo eficiente de la actividad, en virtud del volumen de las operaciones del contribuyente.

## ARTÍCULO 69 DEL REGLAMENTO GENERAL DE LA LEY QUE ESTABLECE EL IMPUESTO AL VALOR AGREGADO
*Gaceta Oficial No. 5.363 Extraordinario, del 12 de julio de 1999*

La Administración Tributaria podrá establecer mediante providencia mecanismos especiales de facturación para las operaciones de comercio electrónico gravadas por este impuesto.

# Referencias bibliográficas

Asociación Latinoamericana de Integración y Tendencias Digitales (2009): «Indicadores de penetración y uso de internet en Venezuela». Caracas: Tendencias Digitales.

Bambury, P. (2006): «A taxonomy of internet commerce». *First Monday*. Special issue: Commercial applications of the internet. Julio.

Comtesse, X. y J. Huang (2008): *The value chain 2.0: bringing in the consumer*. Ginebra y Lausana: Think Studio.

Datanálisis (2010): «Encuesta empresarial». Caracas: Datanálisis.

Esomar (2009): «Global Market Research». Ámsterdam: Esomar.

Hibbard, C. (2010): «Chicago pizza guy creates social media "domino" effect». *Social Media Examiner*. http://www.socialmediaexaminer.com/chicago-pizza-guy-creates-social-media-domino-effect

Jaffe, J. (2007): *Join the conversation*. Nueva Jersey: John Wiley & Son.

Jiménez, C (2010a): «Los nativos digitales y el uso de internet». *Business Venezuela*. Marzo.

Jiménez, C. (2009a): «Brecha digital en Venezuela. Conceptualización, estado actual y propuestas». http://www.slideshare.net/carlosjimeneznet/brecha-digital-en-venezuela-2332601

Jiménez, C. (2009b): «Conversar en la Red». *Debates IESA*. Enero-marzo.

Jiménez, C. (2010b): *Análisis de la competencia*. Caracas: Ediciones IESA.

Jiménez, C. (2011): «Tendencias digitales 2011». *Hormiga Analítica*. No. 81. Enero. http://issuu.com/heberto74/docs/ha81

Locke, C. y otros (2000): «The Cluetrain Manifesto». www.cluetrain.com.

Morville, P. y L. Rosenfeld (2006): *Information architecture for the World Wide Web*. Sebastopol, California: O'Reilly.

Porter, M. (1985): *Ventaja competitiva. Creación y sostenimiento de un desempeño superior.* México: Editorial Continental.

Ries, A. y L. Ries (2006): *Las 11 leyes inmutables de la creación de marcas en internet.* Barcelona, España: Deusto.

Scoble, R. y S. Israel (2004): *Naked conversations.* Nueva Jersey: John Wiley & Son.

Stokes, D. y N. Wilson (2006): *Small business management & entrepreneurship.* Londres: Thompson.

Tapscott, D. y A. Williams (2006): *Wikinomics. How mass collaboration changes everything.* Nueva York: Portfolio.

Tchalidy, M. y Tendencias Digitales (2010): «Medición de la efectividad de la publicidad en internet en Venezuela». Caracas: Tendencias Digitales.

Tendencias Digitales (2009): «Usos de internet en Latinoamérica». Caracas: Tendencias Digitales.

Tendencias Digitales (2010a): «Usos de internet en Latinoamérica». Caracas: Tendencias Digitales.

Tendencias Digitales (2010b): «Estudio de banca electrónica en Latinoamérica». Caracas: Tendencias Digitales.

Tendencias Digitales (2010c): «Reporte: comercio electrónico en Latinoamérica». Caracas: Tendencias Digitales.

Tendencias Digitales (2011a): «Estadísticas de internet en Venezuela». Caracas: Tendencias Digitales.

Tendencias Digitales (2011b): «Empresas en la Web». *Business Venezuela.* Marzo.

Timmers, P. (1998): «Business models for electronic markets». *Electronic Markets.* Vol. 8, No. 2.

Timmons, J. y S. Spinelli (2009): *New venture creation. Entrepreneurship for the 21st century.* Boston: McGraw-Hill.

Trout, J. y A. Ries (1992): *Posicionamiento: el concepto que ha revolucionado la comunicación publicitaria y la mercadotecnia.* México: McGraw-Hill.

Vainrub, R. (2009): *Una guía para emprendedores.* Caracas: Pearson.

Zambrano, D. y C. Jiménez (2000): «Identificación de los elementos críticos para las actividades de mercadeo en internet». Trabajo de grado para la Maestría en Administración. Caracas: IESA.

INTERNET
Y LOS NEGOCIOS

*Manual para aprovechar las*
*ventajas de internet en su empresa*

CARLOS JIMÉNEZ

SE TERMINÓ DE IMPRIMIR
DURANTE EL MES DE JUNIO
DE 2012, EN LOS TALLERES
DE CREATESPACE.

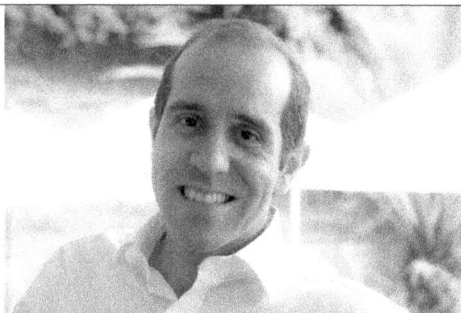

# Acerca del autor

CARLOS JIMÉNEZ es economista de la Universidad Católica Andrés Bello, de Caracas, magíster en Economía de la Universidad Central de Venezuela y egresado de la Maestría en Administración de Empresas del Instituto de Estudios Superiores de Administración (IESA). Ha realizado estudios en la Escuela de Organización Industrial de Madrid y en la Escuela de Negocios Goizueta, Atlanta, Estados Unidos. Se ha desempeñado como consultor en mercadeo e investigación de mercados por casi veinte años. Es socio director de Datanálisis, reconocida firma de estudios de mercado y análisis del entorno, y presidente de Tendencias Digitales, empresa de investigación de los negocios electrónicos en América Latina. Desde el año 2000 es profesor invitado del IESA. Es articulista de las revistas *Business Venezuela* y *Debates IESA*, de eluniversal.com y de la revista electrónica *Hormiga Analítica*. También es colaborador frecuente de diversos medios y conferencista en foros nacionales e internacionales sobre negocios y mercadeo en América Latina.